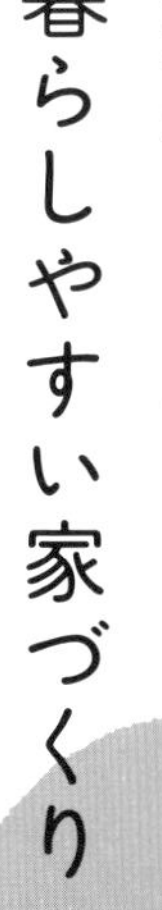

家事がとことんラクになる

暮らしやすい家づくり

本多さおり

PHP研究所

prologue

「家」という大きな買い物について考える

わたしには、マイホーム願望がさほどありませんでした。それは、借りて住んでいる家を気に入っていたから。家はわたしにとって「気分よく暮らせる」ことが第一義であり、それが賃貸であろうとマイホームであろうとあまり関係がありません。そして「身軽に生きたい」気持ちが年々強くなっていくなかで、家という巨大なモノとローンを抱えることにも臆していました。

一方、夫は職場の同世代が次々とマイホームを購入するのを尻目に、わたしの気持ちが熟すのを待ちの姿勢。ふたりとも「いつかは」「理想の家があれば」という控えめな意気込みで、ネットで物件を見る程度でした。

そうこうするうち、長男の小学校入学がおよそ3年後に迫ります。できれば入学後の引っ越しは避けたい。育児環境のよい現居住地の辺りに今後も住み続けるであろうこと、子どもは2人で4人家族で住むことも明確。ならばもう、決めるなら今なのではないかと思うようになったのは、自然の流れだったと思います。

ようやくエンジンがかかったわたしたち夫婦の家探し。住宅購入を考え始めてから発見に至るまで、足かけ5年の歳月がかかりました。

prologue

賃貸暮らしは発見の宝庫

持ち家願望は薄くても、「家が好き」「暮らしが好き」な気持ちは特濃です。これまでの賃貸暮らしのなかで、収納を試行錯誤したり、家事の効率化をはかったりと積極的に家と関わるなかで、さまざまな発見がありました。

たとえば、狭くてふすまで仕切られた田の字形の間取りは、最初は「和が過ぎる」と思ったものの家事動線として最適なことに気づきました。少ない収納に泣く泣くモノを減らしてみたら思いのほか快適で、〝今必要なモノは実はほんの一握りなんだ〟とわかりもしました。

一方で、自分の工夫ではどうにもならない「暮らしの不便」があることも知りました。洗濯物をベランダまで運ぶのに、ドアを3枚も通過することが地味に日々のストレスとなること。玄関のたたきが汚れやすく掃除もしにくい素材で、負担を感じたこと。こうした「間取り」や「素材」は借家では変えようがありません。

良いも悪いも、こうした過去の経験はすべて家づくりに活かせます。なにを選ぶべきか、はたまたなにを選ぶべきでないのか？　そのヒントはこれまでの住まいに詰まっています。暮らしてみなくちゃ本当の便利さはわからない。賃貸暮らしの経験はかけがえのない財産でした。

prologue

暮らしてきた住まいを振り返る

結婚して最初に住んだのは社宅で、駅歩45分、築45年という古い集合住宅でした。40㎡の狭さで和室しかなく、水まわりは水あかだらけという衝撃の物件。それでも、格安の家賃が魅力でこの社宅に住むことを決めました。

結果として、ここに住んだ6年間で得たものは、数えきれません。狭くても眺望が素晴らしかったので、わたしにとっては窓からの景色がなにより大切とわかることができました。また狭いがゆえに「足るを知る」「不便は工夫でなんとかなるさ」といった、モノや暮らしに対する価値観の原点を生んだ家でもありました。

ただ、赤ちゃんが生まれると事情が変わります。古い家の底冷えや風呂場まわりの狭さは育児に向かず、耐震性も心配。そこで6年住んだ社宅を離れ、築浅の賃貸アパートへと引っ越しました。

2軒目の賃貸物件の決め手はやはり、眺望のよさ。住んでみると社宅より暖かく、面積も少し増えたことで育児の助けとなりました。

「いい家」とは、人によって、そしてその時期によって千差万別です。2軒の賃貸住宅で暮らしたことで、わが家の望む家のカタチが浮かび上がってきました。

住まいの履歴書

社宅時代
2010-2016

和室しかない古く小さな40㎡。窓からの眺望がよく、ソファを窓に向けて季節の移ろいを楽しみました。狭いからこそ、モノは厳選して少数精鋭に。

壁付一列形のキッチンは、どの角度からもサッと作業に入っていけるオープンさが魅力。炊事中の動線も効率的です。

賃貸アパート時代
2016-2019

築浅で全面フローリングの50㎡。ジョイントマットとスリーピングマットを敷いて子どもゾーンをつくりました。親も子も使いやすいスペースと収納の模索時代。

カウンター式で狭いキッチン。子どもの様子を見ながら炊事ができるメリットはあれど、動線としては不便もあることが実感できました。

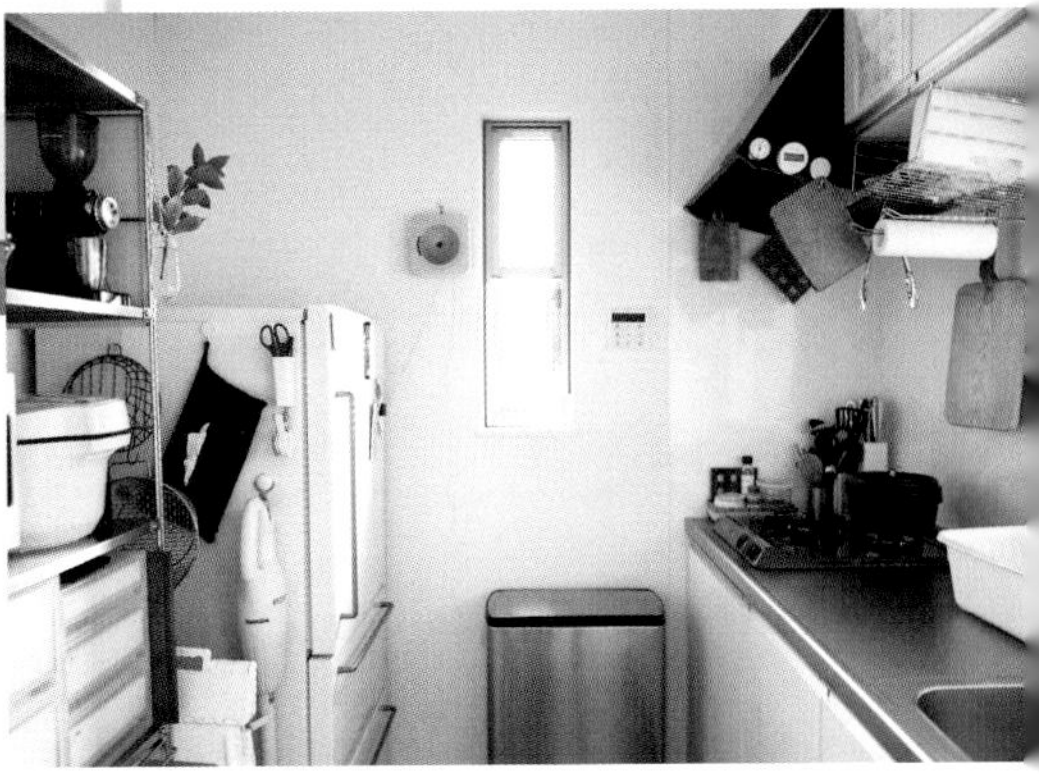

prologue

わたしにとっての「家」

家は生活の場であり、家事の主戦場です。わたしの場合は家での仕事が多いため、家で過ごす時間の大半が〝働いている〟状態。家の中は働きやすくあるべきで、適材適所の収納や、掃除しやすくあるための工夫を重ねてきました。結婚してすぐの頃はあれこれ雑貨を飾って楽しんでいたものですが、掃除のしにくさから飾る量を減らす方向へ。現在の家の中では、「ときめき」より「働きやすさ」が上位です。

そして子どもが生まれると、家は家事に加えて育児の主戦場になりました。逃げる子を追いかけて着替えさせ、食べこぼしを拭き、親も子もバタバタと動きまわる場所に。家の中の働きやすさは、さらに重要度を増しています。

また家に求めるのは、家族4人がのびのびと過ごせるラウンジのような空間であること。家族がよく食べ、よく眠り、よく笑い、外へと元気に飛び出していくエネルギーを蓄える場所であれたならと思うのです。

この本では、家を買うまで、買ってから中をつくるまでといった、自分の軸に基づいた家づくりを紹介します。また、〝わが家らしく暮らせる家づくり〟を叶えた5人の先輩方にもお話を伺いました。

1章 わたしの住まい考

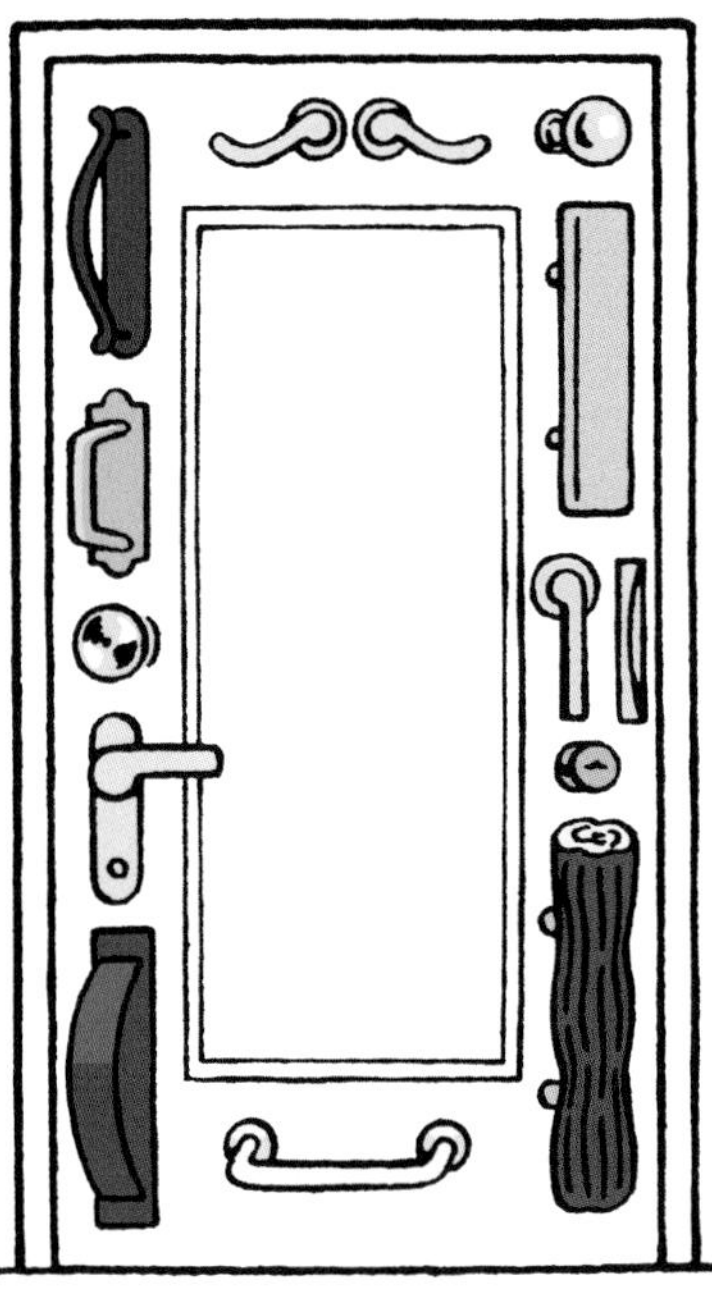

2章 暮らしたくなる家づくり　リノベ編

3章 家事のしやすさにこだわった新しいわが家　新居完成編

4章 それぞれの家、住まいのかたち　お宅訪問編

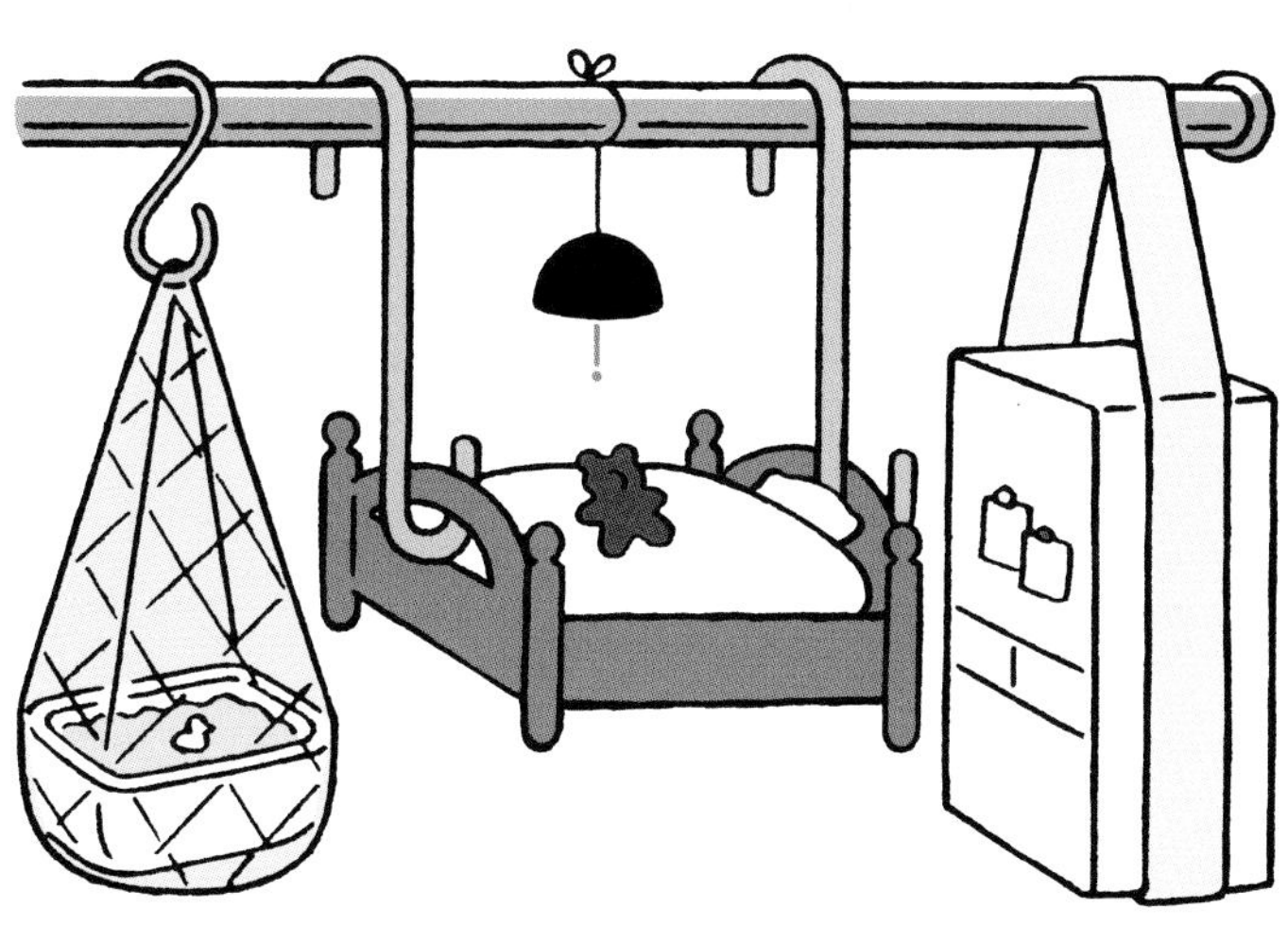

1章　わたしの住まい考

家になにを求めるか。
5年かけて家を探すなかで
明確になっていった
わたしなりの考えをまとめます。

わたしの住まい考 ❶

「窓から緑」が第一条件

物件を探す際に、なにより最初にチェックするのは「窓から緑が見えるかどうか」でした。

社宅時代に実感した、窓から緑が望める素晴らしさ。家事をしていても、仕事をしていても、はたまたリラックスしている時でも。ふと窓に目をやると緑が見えるということが、心を和らげてくれました。それは家事や仕事のモチベーションにもつながる、わたしの栄養源に。

窓からの景色は、暮らし自体を変えてもくれました。ソファを「景色を眺めるため」の位置に動かし、四季折々の緑を楽しむようになりました。テレビをなくしても、木々の移ろいを眺めることが心を充たしてくれました。洗濯物をベランダに干す時も、背伸びをしたくなるような気持ちよさがありました。

この経験から、わたしにとって家の第一義である「気分よく暮らせる」には、なにより眺望のよさが大切だと気づいたのです。

そしてこの条件は、立地でしかクリアできません。家の中の設備は住んでから工夫次第で心地よくできても、窓の外の自然はコントロールできるものではありません。だからこそ「窓から緑」はわたしにとって第一条件。物件選択のうえで譲れないことでした。

住宅情報サイトでは、窓からの景色がわかる写真を漁り、時にはグーグルマップで周辺環境を確認し、「公園がここでこの位置ということは……」と想像力を働かせました。その高いハードルを超えて内見に至った物件も、「自然は近いが空き部屋は高層階で窓からは緑が見えない」などで条件に合わず。家探しの難しさを痛感しました。

結婚して2軒目の賃貸アパートも、窓から向かいの小学校の木々が見えることが決め手でした。

新居の条件 ❶

・窓から緑が見えることが最優先

わたしの住まい考❷

誰もがくつろげる家がいい

結婚するまで住んでいた生家は、それぞれが個室で過ごす家でした。リビングは通過地点でしかなく、高校生の時に「うちにはだんらんがない」とさみしく思うように。リビングにソファを置いてみてはどうかと提案したこともありましたが、却下された悲しい思い出が……。

一方でその頃付き合い始めた夫の実家は、常にリビングに家族が集っている家でした。そのだんらんに入るととても居心地がよく、「こんな家庭にしたい」「リビングを広く居心地よくするためなら個室は狭くていい」というふたりの共通認識ができあがりました。

また、わが家を訪れるお客さんにとっても、気兼ねなくどこにでも座ってくつろいでほしいという思いがあります。とくに夫は、座らせるだけでは足りずに「はい、ゴロゴロして！」と友人たちに寝そべりを要求。とにかく一緒にくつろぎたいのです。

思えば、以前住んだ社宅はキッチン以外すべて畳という〝和強め〟の家でした。最初こそギョッとしたものの、温かく、座りやすく、寝そべりやすい畳のよさに気がついたのはこの頃。ソファを置いても案外馴染むし、布団をじかに敷けるし、掃除もラクです。そしてなにより、来客が口々に「落ち着くな～」と言いながら畳に座ってくつろぐ様子を見るのがとても好きでした。畳なら、まさにどこにでも座って一息つけるのです。

この経験以来、わたしたちの床に対する概念に「畳」がエントリー。和室をつくらない方も増えているなか、フローリングと同等の大きさで畳という選択が存在するようになりました。

新居の条件 ❷

・個室よりリビングの
広さを重視

・誰でもどこでも
くつろげる畳も選択肢に

わたしの住まい考❸

新築？ 中古？ 戸建て？ マンション？

新居の条件❸

・自由にリノベーションできる中古物件

・生活と家事がラクなマンション

一口に「家」と言っても、さまざまな形があります。新築なのか、中古なのか。一戸建ての注文か、建売か、マンションなのか。それはもう、たくさん。

夫は戸建ても考えていたようですが、わたしは反対でした。建物のすべてを自分が管理するのは荷が重く、またわたし自身が戸建てで育ったがために、家全体の清潔を保つにはたくさんの時間と労力が必要なことを痛感していたからです。

戸建ては平屋を除けば床面積が大きく、階段があり、玄関まわりが広く、窓も多い。外壁もあります。多少の汚れを気にしない大らかさがわたしにはないので、掃除を要する場所が多いことは、そのまま暮らしの圧迫に直結してしまいます。自室以外は管理会社にまかせられて、生活のなかで階段の上り下りがない、ワンフロアのマンションが希望でした。

そして間取りをわが家に合わせてカスタマイズしたいと希望していたので、自然と中古マンションを探すように。新築マンションはそもそも値段が高く、自分たちで手を入れる予算的余裕がなくなるため、最初から検討外でした。

物件探しは、まず夫が不動産情報サイトに登録してリサーチ。よさそうな中古マンションを見つけると、わたしに見せてくれました。時にはわたしもリサーチし、この5年間で夫婦のクリックしたボタンは無限大。にもかかわらず、実際に内見したのはたったの6軒です。前述した「窓からの眺望がよい」がとにかく難しい条件で、ほぼ首を縦に振らないわたしに焦れた夫は、「そんな望み通りの家ないよ！　原っぱに土地買って建てるしかないよ！」と言い出す始末でした。

■LAND FOR SALE 売地■
■閑静な住宅街、子育て環境にも最適
■価格1,880万円■
区分 マンション
3,050 (税込) 万円
JR京浜東北線
リフォーム済み
Bed room
D2 type

わたしの住まい考 ❹

家に広さを求めない

新居の条件 ❹

・4人家族のわが家には70㎡が適当と結論

2軒目の賃貸アパートに引っ越した時、多くの人に「あえて狭い家を選んだのですか?」と聞かれました。3人家族(当時)で50㎡は狭いと思われたのでしょうが、わたしに「あえて」の意識はなく、ほどよい大きさと感じて借りた物件でした。

家が広くなると、当然ながら家事動線は長くなります。実は、家事をするにあたって広くていいことはあまりないと思っています。大人数で分担するならスペースがいりますが、1人か2人で家事を担うのに広さは不要。「手を伸ばすだけで届く」「数歩で着く」が一番ラクな状態だとすれば、「生活するのに最低限の面積」は家事のラクさと時短につながります。

そして家事を除けば、意外と人は家の中で動きまわりません。子どもが小さいうちは走りまわることもありますが、たいていは1カ所に留まりがち。それほどスペースは必要ないのです。

職業柄いろいろなお宅を拝見して、「4人家族のわが家には80㎡はいらないな。70㎡あれば十分足りるし、わたしにとって無理なく掃除の手を行き届かせられる広さだ」というのが結論。

ただ、わが家はまだ子どもが小さいので将来どう思うのかはわかりません。息子たちが大きくなったら、70㎡で事足りるのか? その時は、その時。その時々の「今」に合った工夫で乗り越えたいと考えています。どこかで、「家族の最大時に家を合わせないほうがいい」と聞いたこともあります。なぜならそれは、人生のうちの一時期だけである可能性が高いから。

子どもは2人と決めた今、この広さと決めて家を探すいいタイミングだと感じています。

わたしの住まい考❺

収納は最低限でいい

新居の条件❺

・「今必要なモノ」だけが入る最低限の収納
・モノの置き場所より、ヒトの居場所を優先

結婚して住んだ狭い社宅には、収納が押し入れ1つしかありませんでした。ふたりの持ち寄った荷物は当然入りきらず、不本意ながらお互いに大幅にモノを減らす羽目に。ところが、暮らしてみるとそれが思いのほか快適だったのです。厳選して残された〝精鋭部隊のモノだけ〟の生活は、管理の手間や探し物のムダを省いたラクな暮らしのベースとなりました。

同時に気づいたのは、モノにスペースを割かれないということは、人が暮らす分にスペースを割けるということ。家が小さいほど、のびのび暮らすためのスペースは大きな価値をもちます。この原体験から、「収納は最低限でいい」という考えが導かれました。

収納サービスの仕事を始めてからも、大きな収納がモノをためる根源となり、暮らしの負担となっている例をたくさん見てきました。人はどうしても、「入ると入れてしまう」し、「モノが多いと内容を把握できない」「存在を忘れる」「また買う」「増えて管理ができない」の悪循環コースに突入してしまいがちなのです。

逆に収納スペースが少なければ、入らないから使っていないモノを省ける、もしくは本当に必要なモノしか家に入れないようになっていきます。

収納が暮らしをサポートするのは、そこが「今」に合った状態の時です。今使っているモノを使いやすく収めるためには、「昔使っていた」モノや、「将来使うかもしれない」モノを省いていくのが近道。

必要最低限の収納とは、常に「今必要か」という観点でモノに対峙できる、よい収納スペースの在り方なのです。

わたしの住まい考 ❻

向こう10年の暮らしやすさにフォーカスする

新居の条件 ❻

・子どもの環境を優先し、実家の協力も得やすい地域

・とりあえず10年、育児のしやすい動線の間取り

家を買うって、気軽なことではありません。多くの人にとってそれは、人生で一度あるかないかの大きな買い物。けれども、考えるうちに思ったのです。「一生」を考えて家を選ぶなんて、実際のところ可能なのだろうか？　数十年先のわが家に適した家なんて、わたしにはまったく想像がつきません。

ただ、20年先はさっぱりでも、向こう10年くらいのことなら少しは見当がつきます。わが家の場合、4歳と2歳の息子が14歳と12歳になるまで。育児と仕事で大忙しの10年でしょう。立地で言えば、登園、登校、外遊びのしやすい環境がベスト。両実家に帰りやすい場所というのも重要です。

家の中のことで考えると、大事なのはいかにこの忙しさのなかで〝動きやすい〟かどうか。育児に家事に、くるくると風のように動きまわることを前提に間取りを考えたい。

さらに、暮らしはどんどん変わるものだととらえ、変えられないつくり込みはなるべくしないようにと思いました。人の趣味は変わり、子どもは育ち、環境はどんどん変化していきます。後に出会う建築士さんも「人は5年くらいで好みがスライドする。10年経ったらほぼ別人と思っていい」と話してくれました。

収納を考える時と同じで、フォーカスするのはいつも「今」の暮らしやすさ。どの時も「今」に合わせることができるように、「将来必要かも」とつくり込みすぎることなく、その時その時でカスタマイズできるシンプルなつくりにしたいと思いました。

とりあえずは10年、ラクかつ快適に暮らせる家を。そう考えることにしてみました。

わたしの住まい考❼

家にかける お金について

わたしたち夫婦は、ふたりしてお金の計画が苦手です。貯金をどうやってどれだけすればいいのか、物件購入にはどれくらいのまとまったお金が必要なのか、どんなローンが組めるのか、なにもかもが五里霧中。漠然と家を探しながらも、ふたりで一致団結して「マイホームを持つぞ!」という気概も目標貯蓄額もありませんでした。

ただ、最初に住んでいた社宅は家賃が格安で、貯めるのは今という自覚がありました。なにかルールを決めていたわけではありませんが、余裕ができた時に5万円とか、10万円とか、コツコツ預金口座に入れていきました。

その後、2軒目の賃貸アパートに移ると、社宅とは桁違いの高い家賃に愕然。一生賃貸で暮らす(そのほうが総コストは低いと聞いたことも)と決めたわけではないのに、月々のこの出費は痛いところです。いずれ買うなら、早めにこの出費をローンにまわしたいと思うようになりました。

そして、社宅時代に貯めた100万円を頭金として、月々のローン返済額は、賃貸家賃と同程度の10万円くらいがよいであろうと目途を立てました。というのも、これで貯蓄をしながら、時には外食に行けて、年に数度は家族旅行ができたから。わたしの人生の楽しみは宿に泊まることなので、それが封印されてしまうほどのローンを組むことには抵抗がありました。幸せのために大きな買い物をするのに、それでは本末転倒です。

今の生活レベルを落とす買い物は、不相応。大きすぎる荷物を背負って、身動きできない暮らしにならないように。そこから逆算して、家にかける予算を立てました。

新居の条件 ❼

- 生活レベルを落とすような
  ローンは組まない
- 月々のローン返済は10万円程度(※)
  ＝物件3000万円＋リノベ費1000万円
  ＝総予算4000万円以下

※35年ローンを想定

検索↓内見で「家の条件」の精度を上げる

元から挙げていた条件

【立地面】
- 窓から緑が見える
- 角部屋
- 日当たりがよい
- 風通しがよい
- 両実家の中間地点で育児環境のよい当時の住まい近辺
- 駅歩15分以内

【スペック面】
- 中古マンション
- 未リフォーム
- 3000万円以下
- 70㎡以上
- 築年数30年以下
- 平面駐車場付き

物件探しには、不動産情報サイトを活用しました。求める家の条件を入力し、日々根気よくチェック。本当にまれに気になる物件を見つけた時は、内見にも行きました。

そんななか、第一条件である「窓から緑」を貫き通すことがいかに大変なのかがわかってきました。検索上の条件には当てはまっていても、「覗き込まないと緑が見えない」「木が近すぎて日当たりが悪い」など、購入したいとまで思える物件にはまったく出合えないのです。

それでも5年間探し続けたことで、自分にとって「窓から緑」がどれだけ譲れないことなのかがハッキリしました。難しい条件だけれど、わたしの暮らしにとってはなにより重要。そのことが、客観的にも見えてきたのです。

この難しい条件を満たす物件に数多

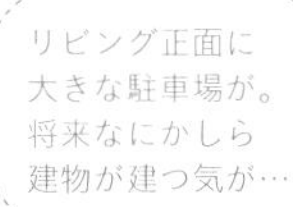

住んでいる方の
年齢層が
高めかも。

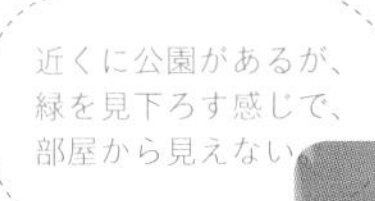

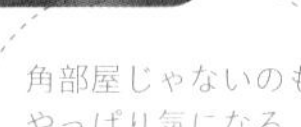

内見をしながら
現実を知る……

↓

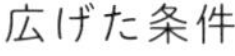

- 駅歩15分以内→「駅歩20分以内」も可に
- 70㎡以上→60㎡以上に

く接触するためには、そのほかの条件を緩めて検索結果の件数を上げるしかありません。

　まずは、駅からの距離を妥協することにしました。当初の「駅歩15分以内」を、「駅歩20分以内」に。夫婦ともにあまり電車に乗る機会がないので、駅が遠くてもさほど不便を感じません。もし将来売るとなった時に安心という知識から「15分以内」としていましたが、わからない未来のことより今の希望が優先です。

　もうひとつ妥協したのは、広さです。男児2人と大きめ夫婦の4人家族には70㎡が妥当としていましたが、心のなかでは「60㎡でもなんとかなるだろうな」という感触がありました。検索条件を「60㎡以上」としたところ、引っかかってくる物件件数は格段に増えました。

ついに発見！

「暮らしてみたい」と思う家

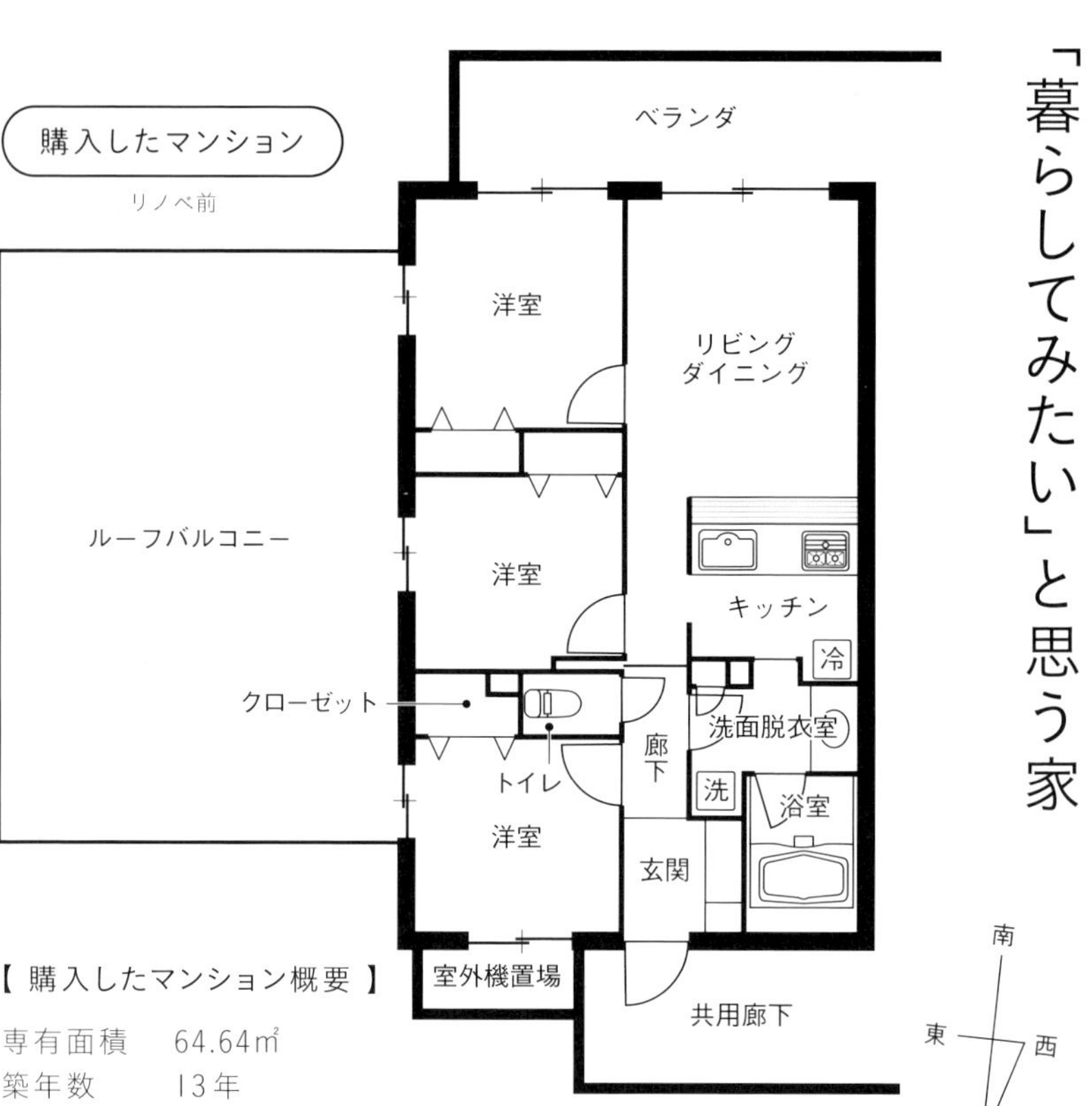

駅歩と広さの条件を緩めたことで、増えた選択肢。そのなかに、いかにも眺望のよさそうな未リフォームの中古マンションが！

さっそく見に行ってみると、これまで内見した物件たちとは違う〝ずば抜けた〟印象がありました。それは、入った途端に感じる「気持ちのよい気の流れ」「明るさ」「緑の美しさ」。

周辺に高いビルがなく、目の前は公園でその向こうに豊かな緑地も見えます。2方向から差し込む光が部屋を明るく包み、「今部屋を仕切っている壁を取り払ったら、さらに気持ちいいだろうな。こんなところで暮らしてみたいな」と自然と思う自分がいました。

駅歩も広さも妥協が必要ですが、「こんなに気持ちのいい部屋はほかになかったよね」と夫婦で購入を決定です。

◎ 気に入った点

・45㎡のルーフバルコニー付き

室内は当初の希望より狭い65㎡の床面積ですが、「でもルーフバルコニーが広い！」と決定の後押しとなりました。夏のプール遊びが楽しみ。

・目の前が公園で、窓から緑が見える

公園の向こうに木々があるため、採光も借景も得られる立地。この後リフォーム中に何度も訪れますが、行くたびまずは窓辺に吸い寄せられます。

・エレベーターを降りて すぐの部屋なのでアクセスよし

重い荷物と子どもを抱えて帰る時に、エレベーターを降りてすぐに家というのは便利。

・平面駐車場付き

ほぼ毎日車を使うので、できれば近くに、すぐ乗り込める状態で置いておきたい。ちょうどいい場所の抽選に当たり、助かりました。

・日当たり、風の通りも言うことなし

南南東を向いたベランダ側と、東北東側のルーフバルコニーから、なににも遮られず光と風が入ります。この家の第一印象はとにかく「気がいい！」。

△ 妥協した点

・想定より狭い約65㎡

当初希望していた家の広さは、70㎡台でした。それよりも5㎡狭いということは、畳で言えば3畳分程度足りない換算。夫と話し合いの末、「それよりここの気持ちよさを優先しよう」と購入を決めました。狭さは工夫でなんとかしたい。

・駅歩20分

物件価値の下がりにくい駅近が理想でしたが、「窓から緑の見える物件」は駅から遠いところにあることが多く、予算的にも駅から離れざるをえませんでした。

・ゴミ出しは回収日のみ

マンションの規約で、ゴミ集積所に置いていいのは当該ゴミの回収日のみ。いつでも置けたら便利でしたが、管理の事情のため致し方なし。

COLUMN #1

リノベーション中の住まいはどうする？

購入した中古マンションはフルリノベーション希望のため、入居できるのは半年以上先になることが予想されました。「その間はダブル家賃!?」と怯える夫婦の頭に浮かんだのは「その間実家に暮らせたら……」という思惑。わたしの実家に打診すると快諾してくれたので、仮暮らし計画と引っ越しの段取りはとんとん拍子で進みました。

それからすぐに、実家の大がかりな断捨離を始めました。仮暮らしの間、わが家の家財も実家に置かせてもらいたかったのです。それに実家の空き部屋には、長年かけてため込んだ「実質使っていないモノ」たちの山がすごいことに。今こそ集中して断捨離するタイミングだと思いました。その対象は衣類や食器などの小さなものから、壊れたタンスや座らないイス、さらには捨て時を逃したブラウン管テレビ(それも4台！)などの大きいものまであり、軽トラックを借りて運び出すほどの大仕事でした。

モノがなくなりがらんとした部屋を見た母は「もはやなにを捨てたのかも思い出せない。部屋丸ごといらなかったということね。ひとりでは絶対できなかった」としみじみ喜んでくれました。

人の居住スペースが以前より広々し、掃除もしやすくなって明らかによい気が流れるようになった実家。新居の引き渡しまで約7カ月間、気持ちよく暮らすことができました。

今振り返ると、今回のきっかけなしには大断捨離のタイミングなど巡ってこなかったろうと思います。わたし自身に体力があり、前向きな理由から家族にも取り組んでもらいやすかったこの機会があって、本当によかったと思います。

2章 暮らしたくなる家づくり リノベ編

購入した中古マンションは
内装をすべて取り払い、
リノベーションすることに。
伴走する建築士さんと出会い、
家が完成するまでの過程です。

家づくりの流れ❶

暮らしやすい間取りを考える

賃貸時代の間取り

感じていた不便さ

① 洗濯をする洗面所から干すバルコニーまで4度角を曲がる不自由な動線
② リビングダイニングが広く過ごしやすいが、キッチンにはまわり込まないと入れない
③ クローゼットが寝室にあり畳んだ洗濯物を戻すのに気を遣う（子どもの就寝中など）

家を見つける何年も前から、「リノベをするならこうしたい」という妄想をしていました。賃貸マンション時代に感じた「不便さ」を解消してくれる間取りを自作し、妄想のなかで検証。このおかげで、暮らしやすい間取りのイメージはある程度固まっていました。

まず、家族が共用するＬＤＫを広くとり、必要に応じて個室をつくれるようにもしておくこと。子どもが小さいうちは「家族の寝室」があればよく、最初から子ども部屋は不要。使わない個室は荷物置き場と化し、モノを増やす要因にもなると考えました。

そしてキッチンは家の中心付近ではなく、窓際の明るくて換気のしやすい場所に置きたい。できれば、シンク、コンロ、冷蔵庫を横並びにして調理動線をスムーズに。

脱衣所は、洗濯物の一時干しができ

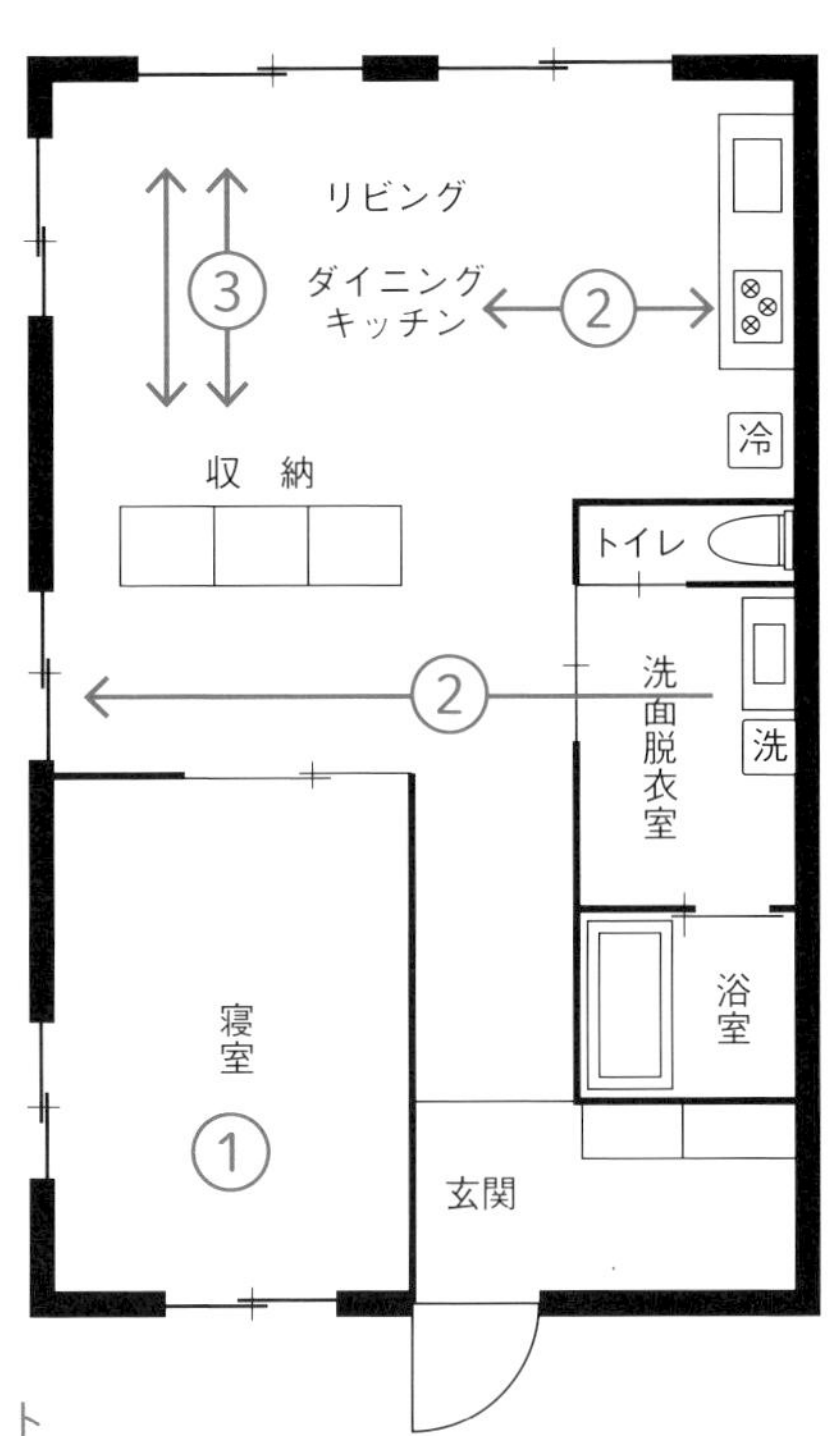

自作した理想の間取り

暮らしやすいポイント

① 個室は寝室ひとつで、LDKを広くとる
② 炊事や洗濯といった家事動線が短く直線でスムーズに動ける
③ 衣類収納はリビングに置き、生活の中心で洗濯物の取り込みと片付けができる

る広さがほしい。洗濯機と洗面台は横並びにして、手洗いした衣類をサッと洗濯機に放り込めるように。そしてタオルや下着を入れる収納を、浴室から一歩出て取れる場所につくりたい。それも利き手の右側にあれば最高です。どれもちょっとしたことですが、毎日の動作だからこそ、その「ちょっと」がてきめんに生活をラクにします。

収納に関しては、造り付け収納は最低限にして、不足があれば暮らしながら、家具などで対応したい。リビングの収納は、衣類をしまうウォークスルーのクローゼットをイメージしています。ここにあれば、洗濯物を取り込んだあとしまう時も、着替える時も短い動線で済ませることができます。

わたしにとって「暮らしやすさ」を凝縮させると、こんなイメージの間取りになりました。

家づくりの流れ❷

リノベーションの依頼先を考える

家を探していてわかったのは、売りに出ている中古マンションはほとんどがリフォーム済みということです。その費用は当然物件価格に上乗せされていますし、新品の内装を無駄にするのも気が引けるので、候補から外していました。あとから知ったのですが、物件探しからリノベまでを一貫して手がけてくれるリノベーション専門会社に頼む方法もあったようです。

5年をかけて、ようやく見つけた未リフォームの中古マンション。さてリノベをどこに頼めばいいのかと考えていた時に、知人にアドバイスをもらいました。それは、「こうしたいというビジョンが明確なら建築士に頼むのも手」というもの。また「地元の方なら後々まで相談しやすい」と聞き、「建築士に頼む」そして「地元で探す」という手段があることを知りました。

ただ、建築にさほど興味があるでもなく、こだわりも少ない自分が、わざわざ建築士に頼んでもいいのだろうかという懸念が。そのことも含めて相談してみようと思い、インターネットで地元の建築士を検索しました。

見つけたのは、同じ市内に事務所を構える「ポーラスターデザイン一級建築士事務所」の長澤徹さん。ホームページで日記を読んで、「自分と思考が似ている」「わかってもらえそう」と感じました。実際にお会いしてみると、やはり仕事のやり方や考え方に似たところを感じ、そのお人柄にも惹かれてお願いすることを決めました。

ほかの建築士やリノベ会社、住宅メーカーにも話を聞きに行きましたが、いずれも違和感があったので迷いはありませんでした。その違和感はたとえば、「希望に沿わないことを強くすす

実はいろいろあるリノベーション業者

・住宅メーカーのリフォーム部門

大手住宅メーカーであれば実績が多く施工もスムーズ。ショールームがあるので実際のできあがりを予想しやすいのもメリットです。ただ、関わる人が多く、ブランド力が高い分、料金は割高で自由度は少ないケースも。

・住宅設備メーカーのリフォーム部門

システムキッチンなどのメーカーでリフォームを手がけるところがあります。水まわりだけをリフォームする場合や、そのついでに内装貼り替えをするといったケースに対応。

・リノベーション専門会社

補強工事が必要な際など、経験豊かな専門会社が安心。大規模なリノベーションや、「こんな家にしたい」というイメージを具現化するのに長けています。設計士を選べる会社や、輸入建材に強い会社などバラエティ豊か。

・工務店

どこに頼んでも実際に手を動かすのは職人。それを束ねる工務店にお願いできれば最も安価に済みます。ただ、会社として小さく広告もほぼ出さないのでいい工務店を見つけるのが難しい。ショールームがない店が多く、地元の情報が重要。

める」「使える設備メーカーに縛りが多い」(向こうの都合が優先されている)、「担当者が誰になるか不明」「事務所の植栽が枯れている」(大事にしたいことが伝わらない可能性)など。

建築士に依頼する料金的な心配はありましたが、長澤さんの場合、総工費の10〜12%とのこと(新築の場合。リノベは応相談)。どこに依頼しても設計代はかかるので、あまり総額は変わりません。設計料は建築士によってさまざまで、相場は総工費の10〜20%のようです。

ただ、建築士は設計だけでなく工務店を競合させたり、条件を折衝したり、設備の相談もできるので、各業者との間に強い味方を得た形です。丁寧に何度も話を聞いてくれ、割いてくれた時間の多さを思うと、結果的には安いぐらいと感じています。

2章 リノベ編

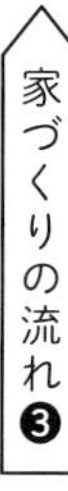

暮らしやすい家のディテールを整理する

これまで暮らしてきた家々の経験から、「こうだったらよかったな」「これがよかったな」と感じたディテールをまとめました。

これまでの家の便利さも不便さも、新しい家のアイデアに結びつきます。毎日繰り返される暮らしのなかでしかわからないことはたくさんあります。生活の細部に思いをはせて希望を明文化するということは、これからどういう暮らしをしていくのかと自分に問う作業でもありました。

キッチン

キッチンは壁付一列形に

以前住んでいた社宅のキッチンは、同じ方向を向いたまま横移動だけで炊事ができる、作業効率のよい壁付一列形でした。どんな角度からもキッチンに出入りできる動線のよさも魅力です。一方、その後賃貸で経験したカウンター式は、子どもを見ながら炊事ができるという大きな利点がありました。入り口にベビーゲートを付けられるのも○。ただ、なにかと「振り返ってモノを取る」アクションが必要に。そして食卓からなにかを取りに行くたびに(育児中は高頻度！)、まわり込まないと入れないのが難点。また空間が限られるので、ゴミ箱の置き場所にも困りました。2つの形を経験した結果、わたしにとっては壁付一列形のキッチンがラクで、向いていると感じています。

広いシンク＆蛇口は伸びるシャワーヘッドに

賃貸のシンクの小ささが、毎日のストレスでした。食器ですぐにいっぱいになり、洗い物がしにくいこと！　蛇口も固定式でした。一方でシンクが広く蛇口がシャワーヘッドの実家は、掃除や大物洗いがラクです。新居では、このシステムを導入したい。炊事に苦手意識が強いため、できるだけストレスの要因を排除し、とりかかりのハードルを低くすることを意識。

リビング

家族も来客もゆったり過ごせる場に

多くの時間を家族が過ごすリビングは、のびのびできる広い空間にしたい。家具は最低限で動線を妨げないようにし、モノより人のスペースを優先。子どもも大人もゴロゴロできる床材がありがたい。フローリングならマットが有効だし、畳も選択肢に。

クローゼットは生活の中心部に

クローゼットは、日常使いのモノから衣類、お出かけグッズまで、必要な時にすぐ取り戻しができる家の中心にほしいもの。でもクローゼットは寝室にありがち。以前の賃貸アパートでも寝室にあったため、パッと取りたい乳幼児服はリビングにある日用品用の収納に収めていました。衣類は生活動線上にあるのが理想。新居ではリビング側に、両端からアクセスできるウォークスルーのクローゼットが置けないかと夢想しています。

ワークスペース

仕事のための場所を確保したい

フリーランスのわたしの仕事場は、自宅のダイニングテーブルでした。仕事道具を置きっぱなしにはできないので、ラックや吊り下げポケットをまわりに配置して収納。それでもやはり、出す手間でとりかかりが遅れることが多々あり、専用スペースの必要を感じていました。

寝室

家族の布団を並べて寝られるスペースさえあればいい

寝具は布団派です。畳めばほかの用途に空間を割けるし、掃除がしやすく、違う部屋にも敷ける自由度の高さがその理由。子どもが小さい今は大人用の布団3枚を敷き詰めていますが、将来的には4枚を敷くスペースが必要。

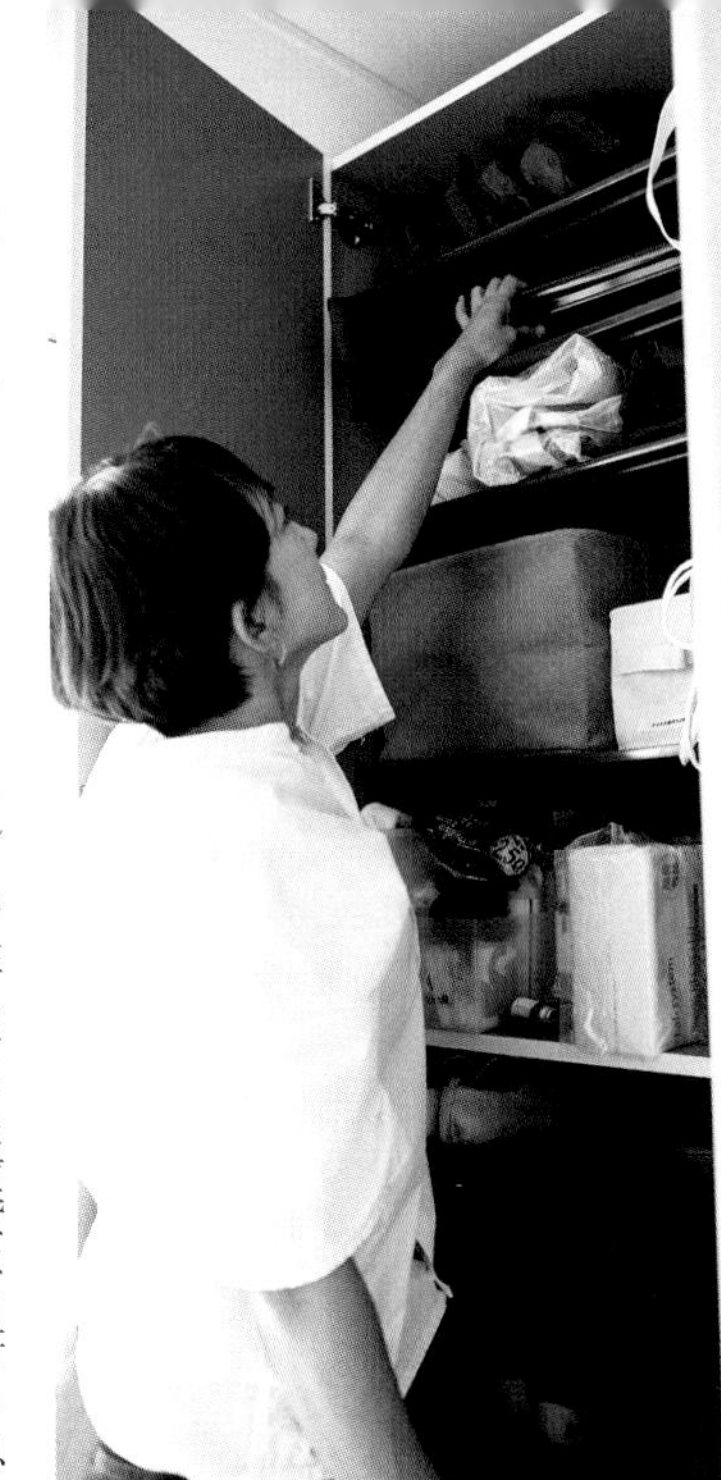

大きすぎる下駄箱はいらない

これまで住んできた賃貸は2軒とも、床から天井までの下駄箱が造り付けてありました。でも、生活動線から外れたところにある下駄箱に、そんなに収納するモノはないのです。モノをちょっと置ける台にもなってくれる高さの下駄箱がちょうどいいのでは？　と考えていました。

玄関

玄関近くに「かける」場所があると便利

外で使うコートや子どものヘルメットなど、家の奥まで持ち込めばじゃまになるものは玄関に置きたい。広い場所ではないので、「床置き」より「かける」「吊るす」のシステムが便利。外で使う遊具やアウトドア用品も、中に持ち込むより玄関に置く場所を設けたい。

サニタリー&トイレ

トイレは掃除のしやすさ最優先

清潔第一で居心地よくありたいトイレは、使った時にササッとついで掃除をすることでキレイを保ちたい。手洗い場を付けると掃除する場所が増えるので、洗面所が使えるよう、近くに配置したいところ。

ランドリーにはスペースが必要

掃除や洗濯といった家事は、体を大きく動かす仕事。ツールの取り戻しも多く、狭いところだと手足がぶつかって非常にストレスです。広大である必要はありませんが、適度な広さが必要な場所。また以前は作業台がなく、バスケットを洗面台にのせるほかなかったり、ドライヤーの一時置き場に困ったり。適した広さで作業台のあるランドリースペースを切望。

洗面台の収納はオープンがいい

一般的な洗面台の鏡面収納は、わたしにとっては開けて取るのがとても面倒。朝起きてボーッとしている、かつコンタクトを入れる前であるといった状況では、パッと取れるオープン棚が助かります。モノが丸見えになりますが、だからこそ買う時には「見えてもいいなあ」というデザインを選びたい。

その他

汚れる場所は掃除しやすい素材に

砂やホコリのたまりやすい玄関のたたきは、汚れの落ちにくい素材だったり、溝が多くてサッと拭けない構造では困ります。たたきに限らず、トイレやお風呂などもシンプルで手入れのしやすいつくりならストレスフリー。

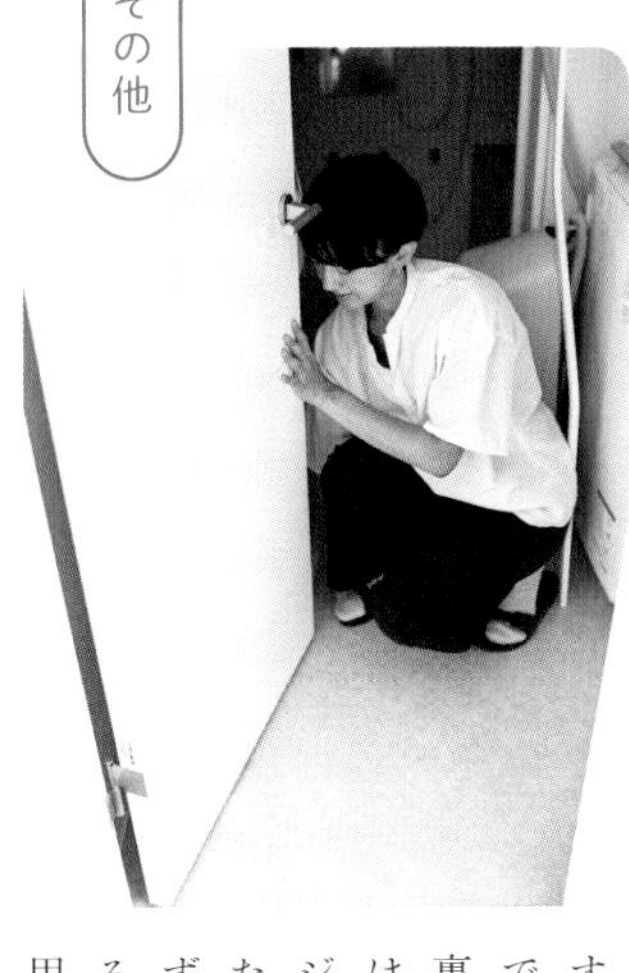

扉は引き戸に

一般的な開き戸のドアは、開けている時になかなかのじゃま感があります。わが家はだいたい開いているので、ほとんどが「じゃまな板」の時間。裏側にたまるホコリを拭いたり、開けた時の衝撃を吸収するためスポンジを置いたりと気を遣いました。また開けたドアの裏側にはモノを置けず、デッドスペースに。密閉性は劣るようですが、新居では引き戸を利用したいと考えています。

家づくりの流れ❹

新居で使うものを把握しておく

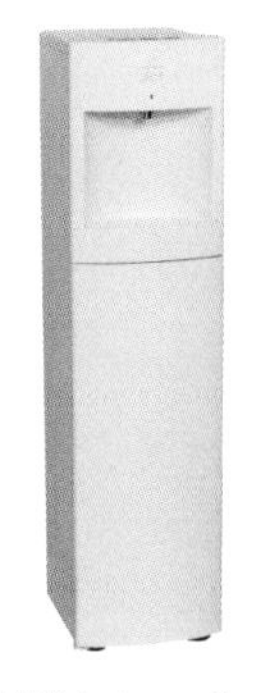

ウォーターサーバー

お茶をいれたり水分補給したりと使用頻度が高いウォーターサーバーは、ダイニングからすぐの場所にスペースをとりたい。近くに水のストックを置けるとなおよし。

キャンプ用品

場所をとるキャンプ用品。これまで納戸代わりにしていたウォークインクローゼットに収めていましたが、できれば家の内部まで持ち込みたくありません。土間をつくってそこに置けたら理想です。

ダイニングテーブルセット

長男が1歳の頃に購入し、必要に応じてイスを増やして現在のセットに。ダイニングでのサイズ感とともに、ペンダントライトの位置も検討が必要です。

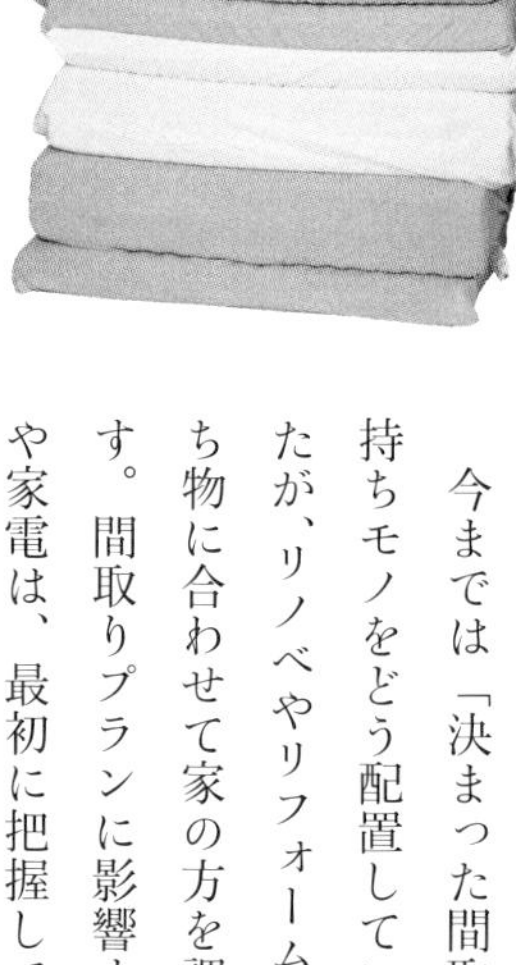

布団

家族分の布団はかなりのボリュームがあります。敷いた時のサイズ、畳んだ時のサイズや厚みを把握して、新居では収納する場所をキープしたい。

今までは「決まった間取りや設備に持ちモノをどう配置していくか」でしたが、リノベやリフォームとなれば「持ち物に合わせて家の方を調整」できます。間取りプランに影響する大物家具や家電は、最初に把握しておきたいところ。

わが家で考えたいのは、ウォーターサーバー、ダイニングテーブル、布団、キャンプ用品、キッチンに置きたい「ホットクック」やコーヒーミル、など。スペースを確保しておけば、うまく動線上に置くことができます。

また、将来導入したいモノや、新しく叶えたい行動についても忘れずに。わたしの場合は購入予定のロボット掃除機の基地、そしてダイニングでホットプレートやパソコンを使う時のために、床にコンセントを設置することを決めておきました。

今ある家電リスト

- 冷蔵庫
- 洗濯機
- オーブンレンジ
- 掃除機
- エアコン
- 「ホットクック」
- コーヒーミル
- プリンター
- シュレッダー
- 扇風機
- ポータブルテレビ
- ウォーターサーバー

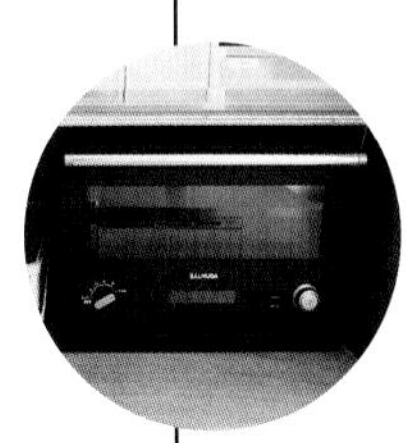

コンセントやアース端子、給排水口などの位置に左右されるため、冷蔵庫や洗濯機はあらかじめ設置場所、大きさ、機種などを想定しておき、ドアの開く向きも考えに入れる必要があります。電化製品を置く位置、置く個数などもある程度考えておけると、コンセント位置を決める時に過不足が出ません。

新調したいもの

- ロボット掃除機
- テレビ（壁かけ）
- DVDデッキ
- ソファ
- スマートスピーカー
- ホットプレート
- 光回線のルーター

新しい生活に伴い、これまでなかったモノを持つとすれば考慮に入れておきたい。わが家の場合、いつか持つかもしれないテレビの端子、目立つところには置きたくないルーターのＬＡＮ端子をどこにするかなども検討事項。

家づくりの流れ❺

購入したマンションに当てはめていく

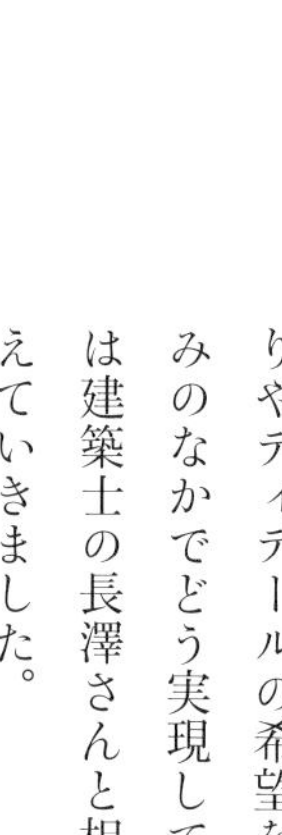

これまでの経験から整理した、間取りやディテールの希望を、実際の枠組みのなかでどう実現していくか。これは建築士の長澤さんと相談を重ねて考えていきました。

洗濯物が干しやすいよう、洗濯機置き場からベランダは一直線にしたい。炊事と洗濯を同時進行しやすいよう水まわりはまとめたい。流れるように掃除が行える間取りにしたい――。そんな希望を長澤さんに伝え、具体的な図面に落とし込んでもらいました。

その結果、家の中央にお風呂、トイレ、クローゼットを固め、そのまわりを回遊できる間取りに。片側の壁にサニタリーとキッチンをまとめ、家事の主戦場が一直線で完結するプランです。

リビングには、誰もがゴロゴロしやすい畳を採用。玄関から入って突き当たりの壁までを地続きの畳にすることで、空間を広く見せる効果も期待できます。聞けば「人の視野は120度程度で、そこから壁までの距離で部屋の広さを感じることになります」と長澤さん。家の壁をできるだけ広く見せることで、65㎡という面積が最大限広々と感じられるそう。また、畳の北側半分には引き戸を採用して、閉じれば寝室になるように。同じ場所が多目的に使えることは小さい面積の家にとって大事なポイントです。

思い描いていた「家族としたい暮らし」のイメージが湧き上がってくるこの間取り。家を買う利点は、したい暮らしを存分に投影できることにあるような気がします。「こんな風に暮らせたら」という思いを汲み取り、間取り上にうまく編集してもらえたことで、納得のリノベプランが完成しました。

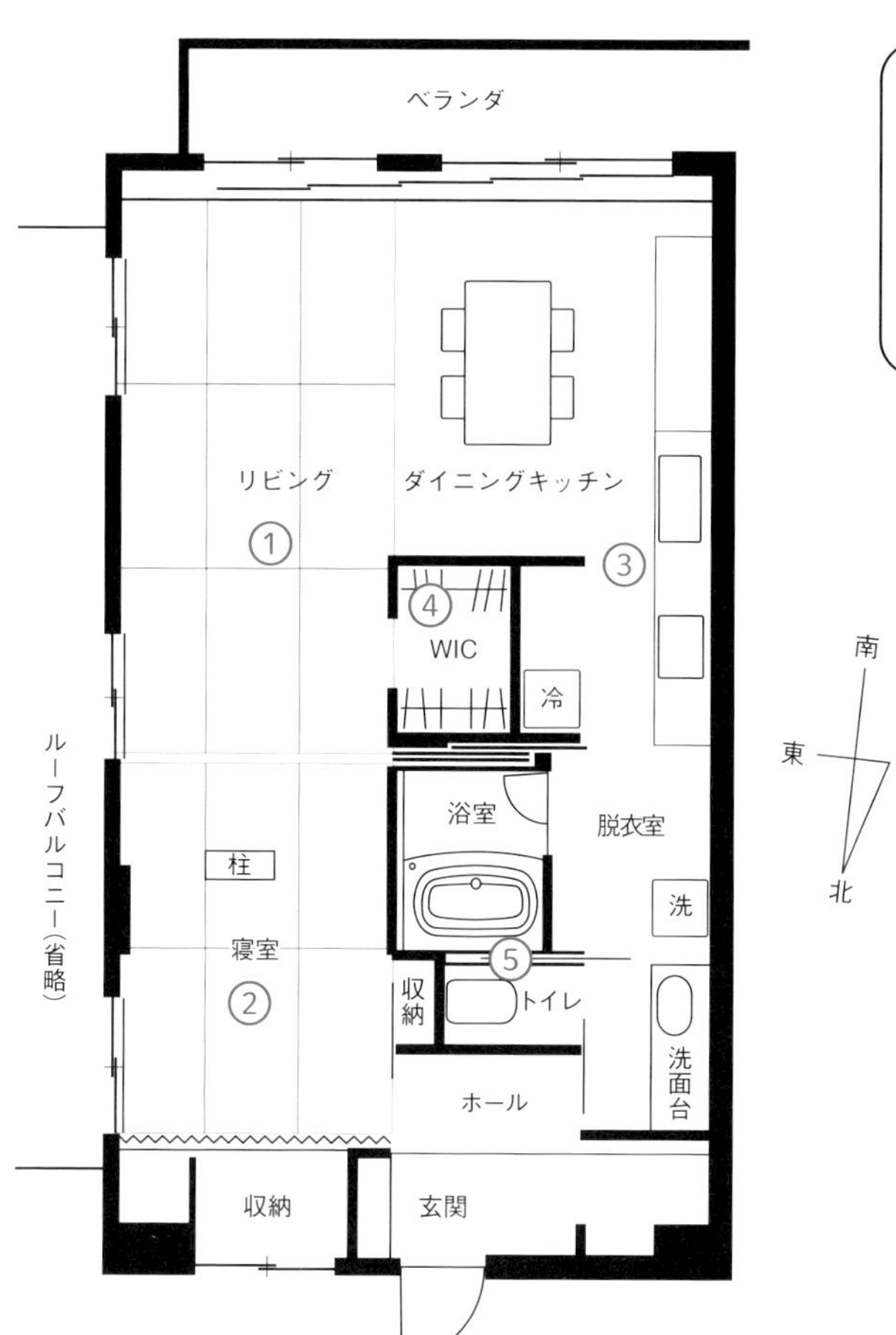

① リビング

リビングから寝室にかけて畳を敷き詰め、大人数でもみんなでリラックスできるスペースに。

② 寝室（兼リビング）

昼間はオープンでリビングと地続きながら、夜は玄関側とリビング側を仕切って閉じた空間にできます。家族分の布団が敷ける十分な広さ。将来は子どもの半個室もここに？

③ キッチン

壁付一列形のキッチン。家の西側全部にカウンターを付けるイメージで、南端から「ワークスペース」「キッチン」「ランドリー」「洗面台」と続きます。床はフローリング。

④ ウォークインクローゼット

一般的に衣類は寝室に収納しがちですが、洗濯物の片付けや着替えがしやすいよう、リビング側に配置。以前納戸代わりのウォークインクローゼットに入れていた大物や使用頻度の低いモノ、布団は北側の収納に入れる予定。

⑤ サニタリー

「回遊できる家」の中心に、密閉されるトイレや風呂場を配置。洗濯物を外に干す際、洗濯機からベランダまで一直線に行けます。

家づくりの流れ❻

ディテールプランの理想と現実

間取りが決まったら、次は採用したい設備や部材、造作収納などの細かい部分を決めていきました。おおよそのセレクトは建築士の長澤さんにおまかせし、全体の統一感をコントロールしてもらいました。それぞれに選択肢をいくつか挙げてもらったので、キッチンと水まわりの設備はショールームで現物を確認し、部材は取り寄せてもらった見本を手にしながら決めていきました。「最初はコストのことを気にせず、ほしいと思ったものを素直に選択するほうがいい」とアドバイスいただき、その通りに選んでできあがった最初のプランは、納得のものでした。

しかし予想していた通り、工務店から出してもらった見積もり額は予算の1・5倍という結果に。予算額に近づけるためには、素材や設備のグレードを変更したり、計画を削ったりする必

コストダウン案

【壁】
- 塗装仕上げを壁紙に変更
- 中央部の壁のみラワン合板を採用
- ルーバーはエアコン部のみに
- 巾木をなくす

【床】
- フローリング素材を無塗装、節が少しあるものに
- 塗装は自分たちで

【設備】
- トイレ、エアコン、IHクッキングヒーター、レンジフード、食洗機はトイレ以外グレードを落とし施主支給に
- 浴室の浴槽、床をベーシックなセレクトに
- 造作収納は現場の大工さんによる木工事に(一部にIKEAの既成パーツを活用)
- クローゼット内の鏡工事をなくす

予算からは500万円オーバー!

要が生じました。

「さて、ではなにを再検討したりなくしたりしようか?」という段階になって、当初長澤さんからすすめられた「まずは一旦ほしいものを素直に選択してみる」ことの意義がわかった気がしました。ほしいと思って選んだつもりでも、再検討を求められると実は本気度に差があることに気づいたのです。

たとえば節なしフローリングを選択したけれど、別に節ありでもいい。でも畳は断然縁なしがいいな、という具合。設備系も、高機能なものは使いこなせる自信がなく、グレードダウンしたものがほとんどでした(トイレだけは別!)。

このステップを経て、自分たちの「これだけは譲りたくない」という本当の優先事項が明確になっていきました。

家づくりのお金の流れドキュメント

最初の予算

物件価格3000万円（希望エリアの相場と組めるローンから）＋リノベ費用1000万円（雑誌や知人の情報から目安で）。

→

物件価格の現実

希望エリアの中でも「駅近」となると4000〜5000万円（ほぼリフォーム済み）と知る。そもそも第一条件の「窓から緑」を駅近で見つける難しさも実感。

→

条件変更

物件の条件を「駅歩20分」に広げて、予算に合いそうな物件を探す。

→

購入

駅歩20分のところに、希望よりは少し狭いが理想の物件を見つける。予算より安い2280万円。

「将来家のために」と用意していた現金は約1000万円で、足りない分を住宅ローンでまかなう計画でした。

物件が見つかるとすぐに借り入れ先を決めねばならず、あまり迷っている猶予はありませんでした。当初は手元の1000万円でリノベ費をまかない、物件購入資金にのみローンを組むつもりでしたが、もしもの時のために、融資先はリフォーム用のローン商品も利用できる銀行に決めました。

リノベのプランニングが進み、最初に出た見積もり額は、予算の1・5倍である1500万円。そこからコストダウンを模索した結果、最終着地点は約1200万円に（厳密にはこれにプラス施主支給品代約70万円）。

建築士さんとコストダウンを探るなか、「畳」「引き戸」「大谷石」などは

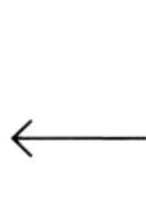

←

リノベーション価格の現実

理想をまるごと詰め込んだプランの見積もり額は1500万円で、予算の1・5倍。

←

予算変更

設備や建材のグレードを下げたり、造作収納に既成パーツを活用したりとコストダウンをはかる。

←

理想の家を見つめ直す

お金がかかる部分こそ、こだわりの強い部分だと気づく。

←

価格決定

当初のリノベ予算（1000万円）＋200万円の約1200万円で着地。駅歩の条件を譲って物件価格を抑えられた分、リノベ予算に多くまわせる結果に。

コストがかさむことがわかっても譲れないものであり、これこそがわたしたちらしい家づくりに欠かせない要素だということがわかりました。もちろん譲れる部分は大らかにカットや変更を受け入れましたが、それでも予算額には届きません。とはいえ今このタイミングこそ、自分たちがしたい暮らしをダイレクトに家に投影できる時。夫婦で話し合い、200万円の予算オーバーはこれからしたい暮らしのための投資ととらえ、足りない分は住宅ローンとともにリフォームローンを組むことにしました。

2つのローンを組むことは心理的にのしかかるものはあれど、この出費は前向きにとらえ、今後の支出が明確になった分、将来を見越したお金の計画を立てたいと思っています。

【家づくりの記録】

19年5月4日(土)　不動産情報サイト「SUUMO」にて物件情報と出合う
家族旅行で行った茨城の宿「里海邸」にて、夜中に目が冴えてしまい、スマホで物件探しサーフィン。いつも設定している「駅歩」や「広さ」の条件を外してみたら、気になる物件を発見。「駅歩15分以内／広さ70㎡以上」で検索していたが、その物件は「駅歩20分／広さ65㎡」だった。

5月7日(火)
不動産会社へ問い合わせ

5月9日(木)　内見
たまたま振休で在宅中の夫とともにさっそく内見。眼下に公園があり、その向こうに緑地を望む素晴らしい眺望に感動！　第一印象で気に入る。「晴れた日の日当たりは素晴らしいですよ」と不動産会社担当者。夫も「確かに眺めが最高だ」と好印象。夫婦でだいぶ前向きな反応を示したので、その場でざっくりとしたローン試算もしてもらう。さらに「資金計画についての資料をまとめて、夕方ポストに入れておきます」とスピーディーな対応。内見のあとは夫と久しぶりにふたりでランチ(ラーメン屋のカウンター)。「駅から少し遠いこと」と「4人家族で65㎡は狭い？」という点が気になったが、「これほどビビとくる物件にはなかなか出合えない」ことを共有。この時点で8割がた「買おう！」という方向で話がまとまる。

5月11日(土)　不動産会社を訪問
駐車場空きの有無(なかった場合近隣にあるか)、物件の価値(がどれくらい落ちやすいか)、空き地に高層マンションが建つ可能性などについて質問。後日回答をいただくことに。ひとまず「不動産購入申込書」に記入。販売価格は2480万円だったが、売主さんへの値引き交渉もお願いする。

5月12日(日)
ローン事前審査に申し込む
不動産会社を介して、住宅ローンの事前審査に申し込む(複数の金融機関にまとめて申し込みをしてくれるらしい)。申し込みの書類と、昨年分の源泉徴収票を提出する。この時点で融資希望金額は仮。翌々日には事前審査の回答が出るとのこと。また、不動産会社からメールで値引きの件の連絡。「2280万円(200万円引き)で正式にご承諾いただきました」。ありがたい！

5月14日(火)
ローン事前審査の結果連絡
不動産会社の担当者からメール。「融資進捗について、フラット35の審査承認が下りました。固定金利で1・3％台となります。また、最低金利(当時)のA銀行でも審査承認が下りました。変動金利で0・475％となります。その他の金融機関(B銀行、C銀行)も、わかり次第改めてご連絡いたします」。とりあえず、ホッとする。

5月18日(土)　リノベ会社Aに相談
手始めに「個別相談してみよう」と、歩いて行ける距離にショールームがあったリノベ会社Aに家族で訪問。ガラス張りのエントランスに到着すると、正面に飾られた観葉植物がほとんど枯れていて、内心「あぁ、ここには多分頼まないのだろうな」と思ってしまった。2時間近くリノベの概要をレクチャーいただき参考になる。が、子どもがトイレを借りた時、掃除の行き届いていない感じが見受けられ、「やはりこちらとは縁がないかな」と思いながら去る(畳のキッズスペースがあり、おかげで少し間が持ったが、夫はずっと子守担当になってしまい、結局相談はほぼわたしひとりで)。

5月19日(日)　リノベ会社Bに相談／「不動産売買契約書」の取り交わし
昨日のA社とは違い、最初から好印象(ショールーム内の清潔感、アロマの演出、スタッフの方の出迎えの感じ)。ただ、ショールームがコンパクトで個別相談のためのブースも狭く、幼い子ども同伴はだいぶ困難。夫が2人を外に連れ出し、相談はまたもやわたしひとりで。その後、不動産会社にて「不動産売買契約書」の取り交わし。この時、手付金として売主さんに100万円を支払う。

5月20日(月)
地元の設計事務所を探す
ある方に「地元の建築設計事務所にお願いするのもアリかも」とアドバイスいただく。理由は地元だとなにかと小回りが利いて助かるから、とのこと。「地元で探す」「個人の建築士さんに依頼する」という考えが自分のなかにまったくなかったので、目からウロコ。その晩すぐに、「○○市　設計事務所」で検索。HPの文章を読み、共感するところが多く「お会いしてみたい」と思った「ポーラスターデザイン一級建築士事務所」に問い合わせメール送信。

5月23日(木)　ポーラスターデザイン一級建築士事務所の長澤徹さん(以下、長澤さん)打ち合わせ①
普段から打ち合わせは施主の自宅で行うことが多いということで、さっそくわが家にお越しいただく。「リノベでどんな家にしたいか？」というような質問ではなく、普段の暮らしぶりに関するヒアリングを2時間たっぷり。相手をゆっくりじっくり知ろうとする姿勢、設計するうえで大切にする考え方に共感し、この時点で「この方にお願いすることになるかも」と思った。

5月24日(金)　リノベ会社B現地調査
先日相談に行ったリノベ会社Bの担当者とともに現地調査へ。住宅ローンの本審査にあたり必要ということで図面と見積もりを作成していただくことになった。

5月25日(土) リノベ会社B入居者見学会

B社の入居者見学会に参加。実例を目の当たりにして、わが家の場合はなにを望み、なにを望まないのかが明確になり、「こんな雰囲気の家にしたい」という方向性もなんとなく夫婦で共有できた気がする。

5月31日(金) 設計事務所2社目訪問

リノベの依頼先として個人の設計事務所をおすすめしてくれた方の紹介で、隣市の設計事務所へ。この日は事情があり長男同伴でオフィスにおじゃました。3歳児連れではじっくりお話しすることがままならず……。スケジュール的に厳しい部分があったことと、雰囲気的に雑談ベースのヒアリングから情報を引き出してくれる長澤さんのやり方がわたしには合っている気がして、この時点で長澤さんに依頼を決める。

6月3日(月) 長澤さん打ち合わせ②

設計の基礎知識についてプレゼン(レクチャー)していただく。後半は初回に続いてヒアリング。「設計ぜひお願いします」と正式にオファー。

6月13日(木) 長澤さんとマンション現地見学、打ち合わせ③

長澤さんとマンションの現地見学。その後、本多家に移動。長澤さんが信頼を寄せる工務店「榊住建」にリノベ工事をお願いすることにする。長澤さんがその場で榊住建の千代岡英一社長に電話で問い合わせ、ご快諾いただく。5日後にさっそく契約を取り交わすことも決まる。

6月18日(火) 工務店契約/長澤さん打ち合わせ④

長澤さんとともに工務店へ。銀行とのローン契約締結のため必要な「工事(解体)請負契約書」を取り交わしてもらう。契約金として、100万円を支払う(解体工事金に充てられる)。今回は設計も施工も、地元の方々にお願いできることになり頼もしい。その後、本多家へ移動して長澤さんとの打ち合わせ。間取りプランのスケッチを見ながら、プランニングの意図を説明してもらう。トイレの位置を動かすことで、残ったパイプはどう処理できるのか? そこが今のわたしの一番の懸念事項だということをお話しした。

6月19日(水) メルカリを始める

リノベ工事の期間中はわたしの実家(戸建て)で仮住まいさせてもらうことが決まった。引っ越し前に使わないモノを整理しようと、ずっと気になっていたメルカリを始めた。わが家では不要になっても、まだ役目を果たせるモノたちが必要としてくれる人のもとでまた働いてくれるのはうれしい。

6月26日(水) ソファがメルカリで旅立つ

新婚の頃から愛用していたソファ。とても愛着があったが、この8年で夫婦の趣味も変わり、新居には新しいソファを迎えるべく手放すことに。大物なので無事に売れるか不安だったが、とてもよい方に買っていただけた。

6月27日(木) 銀行にて住宅ローン契約手続き

住宅ローンを組むことになった銀行にて契約手続き。「工事(解体)請負契約書」と現アパートの賃借契約書、印鑑を持参。最終的な融資額は2070万円。売主に①売主が支払い済みの固定資産税とマンション管理費のうち、日割り該当分の約10万円、②不動産の残金2180万円、不動産会社に仲介手数料約80万円を支払う。

6月28日(金) 実家の断捨離

仮住まいに向けて、実家の断捨離を始める。

7月4日(木) 長澤さん打ち合わせ⑤

間取りプランを初めて提示いただく。長澤さんは「緊張します〜(汗)」と言いながらいっぺんには見せてくれず、だいぶもったいぶった感じでお披露目してくれた。プランは大満足で「ははぁ〜〜」とうなりながら拍手。小さな修正を次回またアップデート版として提案していただくことに。

7月5日(金) 工務店の現地下見

工務店の千代岡さんが新居を下見に。配管がどのように通っているかなどを話しながら、カッターで壁にスパッと切れ目を入れ、その場で中の構造をチェック。

7月18日(木) 長澤さん打ち合わせ⑥

間取りプランについて、確かな数字で算出するために、現住まいのクローゼットに入ってみたりしながら検証。実際の物量も見ていただけるので、自宅打ち合わせはやはり便利だと思った。マンションの解体工事に先立ち、管理事務局へ提出する書類の確認なども行う。また、気がかりだったトイレのパイプスペースは、曲げてずらすことは物理的に可能だが、工事の半日間上階の住人がトイレを使えなくなるとのこと。そこまでしてずらしたいほどの強い希望ではなかったため、断念。長澤さんからは「柱として残して、デザインや機能面で活かせる方向を検討する」とのことだった。

7月22日(月)
アパートから実家へ引っ越し

7月31日(水)　長澤さん打ち合わせ⑦
8月9日(金)　長澤さん打ち合わせ⑧
この2回の打ち合わせは間取り上のディテールを詰める内容。

8月13日(火)
マンションの電気・水道の契約
工事中使うため。施主負担が多いそう。

8月21日(水)　現場見学①
解体工事が始まる。

8月28日(水)　現場見学②
解体工事完了。あまりのがらんどう具合にビックリ。家中に光がまわり明るくてうれしい。65㎡のリアルな広さを目視できて、「もっと広かったなら」と思ってしまったが、ここでいろいろとやりくりしながら暮らすのが楽しみにもなった。

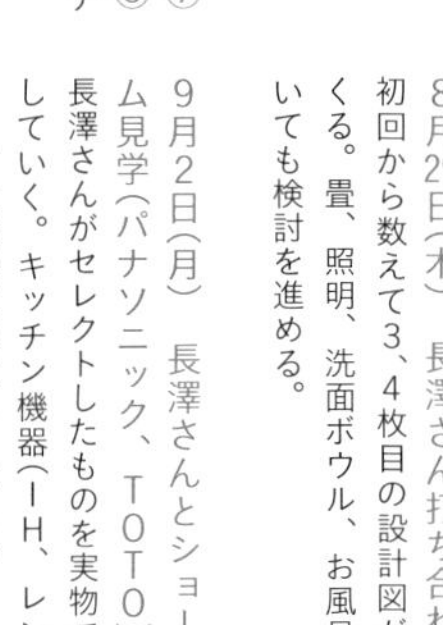

8月29日(木)　長澤さん打ち合わせ⑨
初回から数えて3、4枚目の設計図が出てくる。畳、照明、洗面ボウル、お風呂についても検討を進める。

9月2日(月)　長澤さんとショールーム見学(パナソニック、TOTO)
長澤さんがセレクトしたものを実物で確認していく。キッチン機器(IH、レンジフード、食洗機)はパナソニック、トイレとお風呂はTOTOのものを手配することに。

9月24日(火)　長澤さん打ち合わせ⑩
10月7日(月)　設計契約書取り交わし／長澤さん打ち合わせ⑪
長澤さんと契約書の取り交わし。設計監理料の一部、30万円を支払う。続いて打ち合わせ。断熱材は「既存のものを残しつつ、上からプラス3㎝厚く発泡ウレタンフォームを吹き付ける予定。これで気密性は十分なはず」と長澤さん。床はコンクリートの上に直接板を貼る「直貼り」ではなく、コンクリートと板の間に下地を使用する二重床タイプにするそう。コストカットが必要ならオイル予定だが、コストカットが必要なら床材は無垢材を使用無塗装のものに替えて自分たちで塗る選択もアリとのこと。その他細かい調整を相談。

10月25日(金)　ソファ購入
新居に迎えるソファを模索中、以前からインスタグラムを拝見し素敵だなと思っていた名古屋の家具屋「holly wood buddy furniture」のショールームに家族で行ってみることに(名古屋での仕事を兼ね)。気になっていたコンフォートソファの実物を体験し、座り&寝心地やサイズ感、デザインすべてしっくりきたので到着後約5分で即決!

10月28日(月)　長澤さん打ち合わせ⑫
工務店から見積もりが出てくる。予算1000万に対し、見積もりは1500万(設計費、解体費込み)と、予算をだいぶオーバー。コストカットを検討することに。長澤さんからは、「暮らし始めてから、〝あの時プラス10万でやっておけばよかった〟となることもあるから、優先順位を決めて譲らない部分と削る部分ははっきりしておいたほうがよい」というアドバイス。わたしの意見として「素材や部材のランクダウンにはあまり抵抗がない」ということを伝える。

11月7日(木)
工務店、長澤さん打ち合わせ⑬
2回目の見積書が出る。前回から約280万円ダウン。床や壁の素材変更、一部家電やトイレを施主支給とし見積もりから外した。

11月11日(月)　リノベ工事開始／長澤さん打ち合わせ⑭
引き続きコストダウン案は検討中だが、大枠は決定したので、本日からリノベ工事がスタート。現場は榊住建の今川大樹監督に担当していただくことに。ほどなく電気系(部屋の最外周部のコンセント、TV端子、TEL端子)の最終決定が必要とのことで、次回までに検討してほしいと、電気図のたき台を持ち帰る。

11月15日(金)
改修工事契約金を支払う
工務店へ改修工事契約金468万円を支払う。総工事費の約半分を前払いする形。

11月20日(水)　現場見学③
この日は水道屋さんがひとりで作業されていた。ホースの青は水、ピンクはお湯が出るものだと教えていただく。

11月28日(木)　現場見学④
フロア全体に床の下地が貼られていた。一部だけ四角く空いているのはユニットバスが入るそう。「本当にお風呂こんなに小さいの?」と感じた。

11月29日(金)　長澤さん打ち合わせ⑮
食洗機、換気扇、シンクなどキッチンの部材あれこれを決めていく。キッチンの引き出しや吊り戸棚は家具屋さんでなく大工さん(木工事)に頼むと安く済むそう(何十万も違う)。家具屋さんだと大工仕事と並行して進められるので工期短縮にはなるよう。今回は大工さんに頼んだので家具工事のスケジュールが読めない。

12月3日(火)　現場見学⑤
ユニットバスが入っていた。箱が入るとちゃんと普通の大きさに見えるから不思議。

12月12日(木)　現場見学⑥
この日、大工の阿部純一さんと初対面。壁や天井などの木工事が着々と進んでいた。腕の確かなベテランの方に入っていただけありがたい。「戸建ての現場に比べるとマンションは暖かくて助かる」とおっしゃっていた(笑)。

12月13日(金)
長澤さんに中間金支払い
長澤さんに設計監理料の中間金として30万円を支払う。

12月25日(水)　現場見学⑦
リビングに面したWIC、トイレなど箱型の空間の枠が立ち上がっていた。大工さんはその場で木を測りカットしては取り付け。その綿密な作業を惚れ惚れしながら見学。

20年1月5日(日)
施主支給品ネット購入
エアコン2台、キッチン水栓、レンジフード、IHクッキングヒーター、食洗機、トイレをネットで注文。

1月6日(月)　解体工事残金支払い
工務店へ解体工事残金45万円を支払う(昨年6月に入金した100万円の残り)。

1月9日(木)　現場見学⑧
年明け初めての現場訪問。施主支給品のビルトイン食洗機が届いた。

1月16日(木)　現場見学⑨
WICに壁が付いていた。西側の壁一面の吊り戸棚のベースも付いていた。

1月23日(木)　現場見学⑩
建具の金物(キッチン収納扉のつまみや引き戸の取っ手部分など)の色を現場で決めるため、長澤さんと待ち合わせ。既存の窓枠の色と似ている黒っぽい金具に決定。キッチンや洗面台のベースができていて、ますます家らしくなりワクワク。

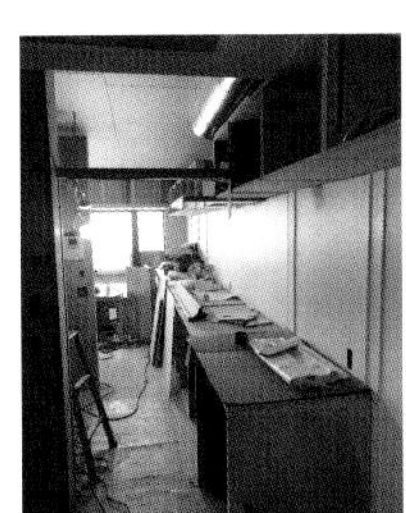

1月30日(木)　現場見学⑪
ネットで購入したトイレとエアコンが届く。これで施主支給品はすべて到着。大工さんが追加で2名入り、内装が急ピッチで進む。

2月3日(月)　現場見学⑫
楽しみにしていた障子が入っていて、その美しさに感動！　やんわりと入ってくる光の具合が美しい。

2月4日(火)　現場見学⑬
ここのところ日ごとの変化が楽しく、郵便ポストチェックにかこつけて頻繁に訪問。トイレや洗面ボウルが取り付けられていて、完成がもう間近である実感が増した。

2月13日(木)　現場確認、オイル塗り
工事とクリーニングが完了し、現場監督の今川さん立ち会いのもと引き渡し前の現場確認が行われた。傷の有無や、建具の具合などを確かめる。その後は床や壁(ラワン合板部分)、建具などにオイルを塗る作業を自分たちで。助っ人3名に来ていただき、マンパワーのおかげで大半の部分を塗り終えることができ、深く感謝の思い。オイルは汚れをはじく効果を期待して塗るが、見た目的にもしっとりした味わい深い表情になるのでうれしい。

2月15日(土)　引き渡し
待ちに待った引き渡し日。たびたび現場見学させてもらっていたわたしと違い、夫や子どもたちは久々の訪問で完成したわが家に初めて足を踏み入れる。夫は自身がこだわって採用してもらった大谷石の玄関に「か、かっこいい〜!」と感動。子どもたちはとにかくあちこち探索して面白そう。いよいよここでの新生活が始まる!

2月17日(月)　リフォームローン契約
住宅ローンを組んだ銀行にて、別途リフォームローンを契約。融資額は320万円。別途、司法書士手数料として6万5000円を支払う。

2月18日(火)　改修工事残金を支払う
工務店に工事費の残金482万円を支払う。

3月6日(金)
設計監理料残金を支払う
長澤さんに設計監理料の残金40万円を支払う。

COLUMN #2

子ども部屋は必要？

整理収納コンサルタントとしてこれまで多くのご家庭におじゃまさせていただきました。お子さんのいるお宅は子ども部屋がすでに設けてあったり、将来子ども部屋にと計画しながら現在は別の用途(だいたいがモノの一時置き場)になっていたり。そんなお宅のお母さん方から本当に多く聞かれたのがこんな声。

「結局子どもはリビングにいるから子ども部屋はほとんど使っていない」

「子ども部屋はほぼ荷物置き場状態」

「いつか子ども部屋にする予定だけど、先延ばしにしてしまっている」などなど。

子どもの年齢、性別、性格などによって個人差はあるでしょうが、お母さんたちの声を受けて生じたのが「子ども部屋って本当にいるの？」という疑問。

友人や親せきにもリサーチして思い至った、わたしなりの見解はこんなこと。

・同性の兄弟は必ずしも別室にこだわらなくてもよさそう

・男児はリビングにいがち(さみしがり屋が多い？)

・男児は女児に比べて個室をほしがる時期が遅め

・子ども部屋が必要な時期は思いのほか短い

1章でも触れた通り、わが家のリノベーションは向こう10年の暮らしやすさにフォーカスしたプランで、今のところ子ども部屋はありません。まわりのケースを参考にしながら、4歳と2歳の兄弟に部屋が要ると判断するタイミングは、10年先かなと想像し、やりくりのし方はその時の状況に応じて考えようという姿勢でいます。子どもと近い距離でいられそうな向こう10年は、家族4人、合宿感覚で楽しみ尽くしたいです。

3章

家事のしやすさにこだわった新しいわが家 新居完成編

ついに新居が完成！
家事と育児を助けてくれる
新居の間取りや仕組みを
あますところなくご紹介します。

※新居で採用した設備や部材、家電の紹介は143ページ

暮らしが見える家、ついに完成！

流れるように動ける間取りに沿って家事がはかどります。自分の、家族の暮らす様子が見える家ができました。

間取りのポイント❶

ぐるりと一周できる回遊性のある間取り

①

家の西側に一列で設えたカウンターに、家事の機能をまとめました。玄関を入ってすぐのところに洗面台があり、手を洗ったら脱衣所を抜けてキッチンまで一直線。その先はダイニングとリビングに続き、一周して玄関に戻ってこられるロの字の間取りです。

個室はなく、サニタリーと収納を除けばフルオープンで回遊できる家。行き止まりがないので人がたまって混雑することがなく、家じゅうがだいたい同じ温度なのもストレスフリーです。暮らすほどに、「都合がいいなあ」と感じることばかり。

どの場所も左右に抜けられるので、用事によって出口を選べるのも利点です。「子どもが寝ているからこっちを通ろう」「これをしまうためにあっちから行こう」と、シチュエーションに合わせて動けるのは回遊できるからこそ。

③

① 玄関ホールからキッチンまで一直線

帰ってきたら手を洗って、買い物してきたものをキッチンのカウンターにのせるという動線がまっすぐの一本道。

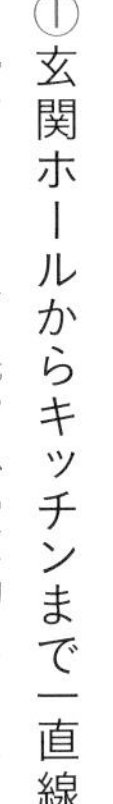

② 生活動線上で作業ができるキッチン

南側のワークスペースで仕事をしながら、または洗濯したタオルをしまいながら。調理と別の作業の同時進行が可能です。

③ 家族がつながるリビング＆ダイニング

子どもたちはリビングで遊んだり、ダイニングでお絵描きしたり。調理台やワークスペースとも直線で地続きなので作業しながら一緒に過ごせます。

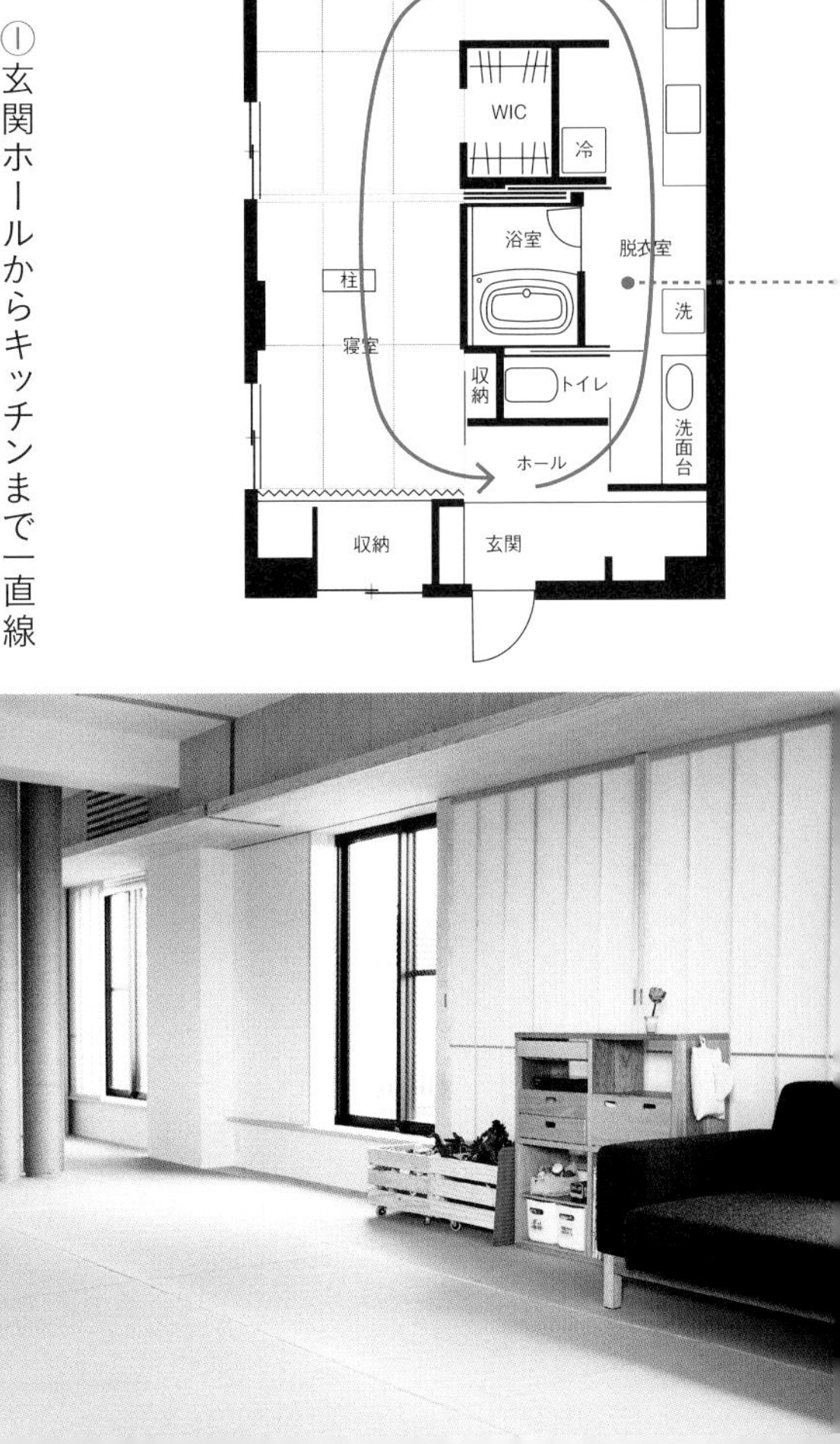

④ フレキシブルに使える畳のリビング＆寝室

家の半面に畳を敷き詰め、昼間は「広いリビング」で、夜は仕切り戸を閉めて向こう側を「寝室」に。空間に多様性を持たせています。

間取りのポイント❷

ワンフロアだから生まれる〝かけ算〟スペース

キッチン×デスク

調理台の延長にも、仕事スペースにもなるカウンターの南端。木の天板部分に皿が置かれることもあれば、シンクのステンレス部分に仕事の資料が並ぶことも。

家の中が壁で区切られず、ロの字につながったワンフロアなために、隣同士だからこそ機能性が高まる「かけ算スペース」が生まれました。そもそも4人で65㎡暮らしは決して広くありません。空間にはやりくりが必要で、ひとつの場所が多様な目的で働くことは大きな助けとなります。

そして「小さい子のいるご家庭あるある」の悩みのひとつが、このかけ算スペースによって解消されました。キッチンからリビングが直線的で区切られていないことで、調理中の「母ちゃん見てて」の声にも振り返るだけで応じてあげられます。これまで作業を中断しなければならなかったことを思うと、ものすごくラクになりました。母ちゃんにっこり、ボクにっこり。多機能空間は、育児の強力なお助けツールだと実感しています。

ランドリー×キッチン

キッチンの右側には、洗濯機の置かれたランドリースペースが。普段、洗濯物をかけておくためのバーが、まな板を干すのにもぴったりです。

ダイニング×子ども部屋

キッチンに立っていても、振り返ればダイニングでお絵描きしたり、リビングで遊んでいる子どもたちが視界に。親子ともに安心感が違います。

リビング×収納

衣類収納をリビング側につくったことで、着替えようとすればすぐそこに服があり、しまおうとすればそこに収納があるラクさを手に入れました。

間取りのポイント❸

人も家事もスムーズにまわる！シンプルな家事動線

①

帰宅→手洗い

玄関を上がってすぐ右手が洗面所。子どもも来客も、靴を脱ぎながら視界に入るので自然と洗面所の前に立っています。帰ってきたら、どこにも触らずまず手洗いのできる配置です。

ぐるりと回遊できるこの家には行き止まりがなく、「袋小路に入って戻る」分の歩数が減りました。また生活動線上にうまく機能が配置されているので、「なにかのついでにできる」ことが多々。たとえば、土間に行くついでにやかんを火にかけて、タオルを脱衣かごに放り込む。またはキッチンで冷蔵庫の中を見て、サニタリーのストックを確認しながら玄関に出て買い物へ行く。

「ひとつの目的のためにそこへ向かう」ことが少なくなり、動作効率が格段に上がりました。家の各所とモノの管理が流れでできるので、キレイを保ちモノを滞らせない家でもあります。

また想定外だったのが、子どもが自発的にお皿や着替え支度をし出したこと！　夫も以前より家事参加が活発に。動きやすい家は、生活全般の「やりやすい」を叶えてくれました。

リビング
ダイニングキッチン
WIC
冷
浴室
脱衣室
柱
寝室
収納
トイレ
洗
洗面台
ホール
収納
玄関
①②③④⑤

② 洗濯↓物干し

洗濯機から出した衣類はハンガーにかけてバーに並べ、まとめてベランダへ。雨の日は窓辺のバー（P.94）や浴室乾燥機も利用します。どちらもまっすぐで障害物のない動線です。

③ 料理↓配膳

キッチンから振り返ると数歩でダイニングテーブルに届きます。配膳も後片付けも、短い往復で手早く済ませられます。子どものお手伝いのハードルも下がり、カトラリーやコップを出してくれて母ちゃん大助かり。

④ くつろぎ↓就寝

リビングで遊ぶ子どもたちを布団に促すのに、地続きで同じ部屋だととてもスムーズです。先日は初めて、寝かしつけなしで長男就寝！　仕切るとはいえ一室だからできたのだと思います。

⑤ 起床↓着替え

起床して生活スペースに向かう道すがらに衣類収納があります。これまた先日初めて、長男が自分で服を出してきたのでびっくり。この家に住み始めてから子どもの自発性が急成長です。

間取りのポイント❹

仕切り戸で必要な時だけ個室にできるフレキシブル空間

壁で囲った個室をつくらず、必要に応じて引き戸で空間を閉じられるようにしました。戸を引き出すと、扉というより壁の出現です。寝室、脱衣室といった「時間帯によって閉鎖空間にしたい場所」を、引き戸によってつくることができます。同じ空間に「リビング兼寝室」「廊下兼脱衣室」といった多様性を持たせることもまた、コンパクトな家の大きな助けに。

引き戸は完全に格納することができるので、見た目もすっきり、掃除もスムーズです。

昼間は「広いリビング」として、家の端から端まで続く生活空間。夜間は③と④の仕切り戸で空間を閉じ、家族4人の寝室に。障子の奥にロールスクリーンが設置されており、遮光でぐっすり眠れます。

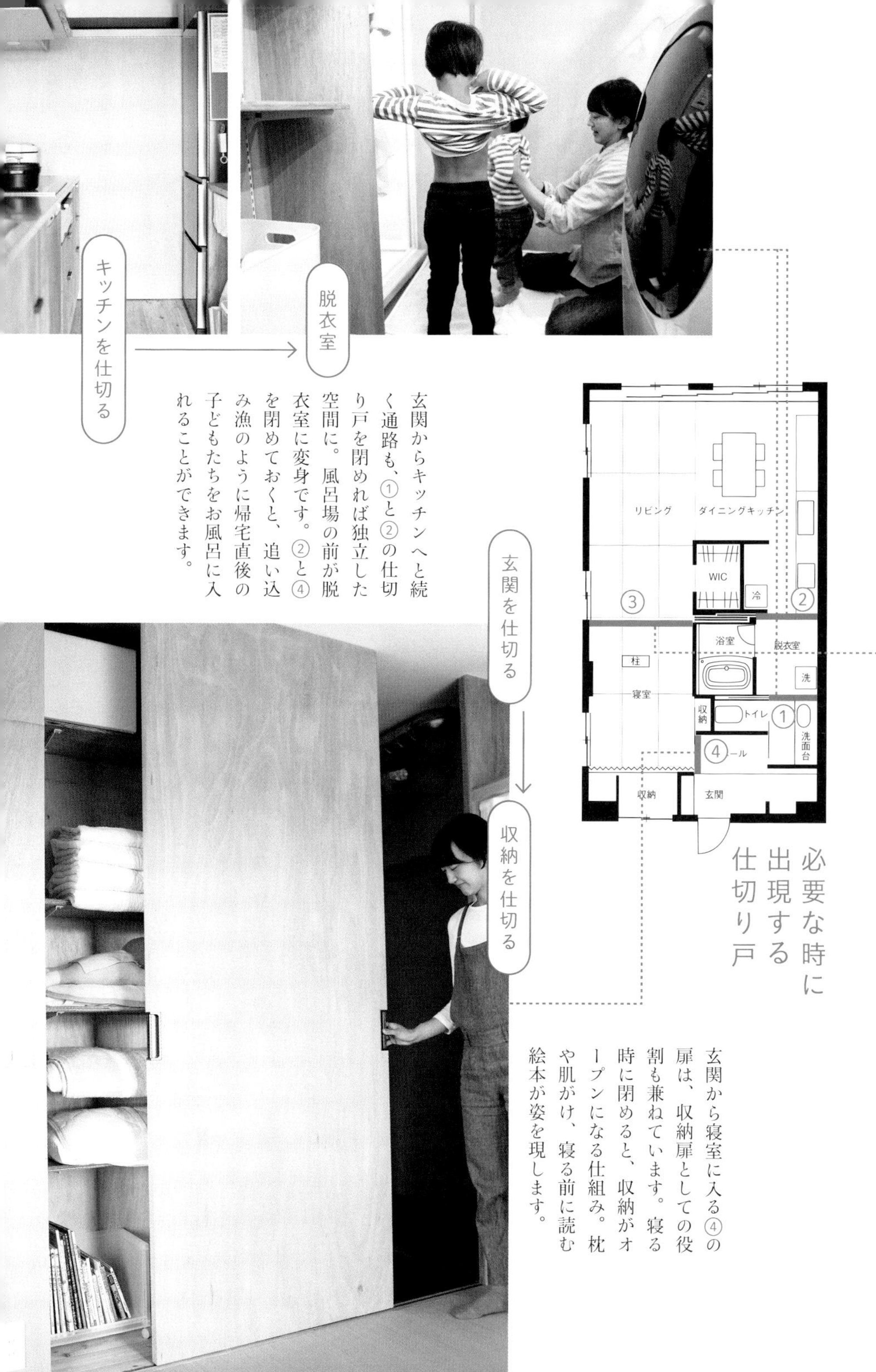

必要な時に出現する仕切り戸

玄関から寝室に入る④の扉は、収納扉としての役割も兼ねています。寝る時に閉めると、収納がオープンになる仕組み。枕や肌がけ、寝る前に読む絵本が姿を現します。

キッチンを仕切る → 脱衣室

玄関からキッチンへと続く通路も、①と②の仕切り戸を閉めれば独立した空間に。風呂場の前が脱衣室に変身です。②と④を閉めておくと、追い込み漁のように帰宅直後の子どもたちをお風呂に入れることができます。

玄関を仕切る → 収納を仕切る

リビング
&
ダイニング

窓からの景色を楽しむ家族みんなで憩う場所

窓から望む緑がこの家の決め手。家の中で一番日当たりがよくて眺めのよい南側に、家族だんらんのためのスペースをとることができました。

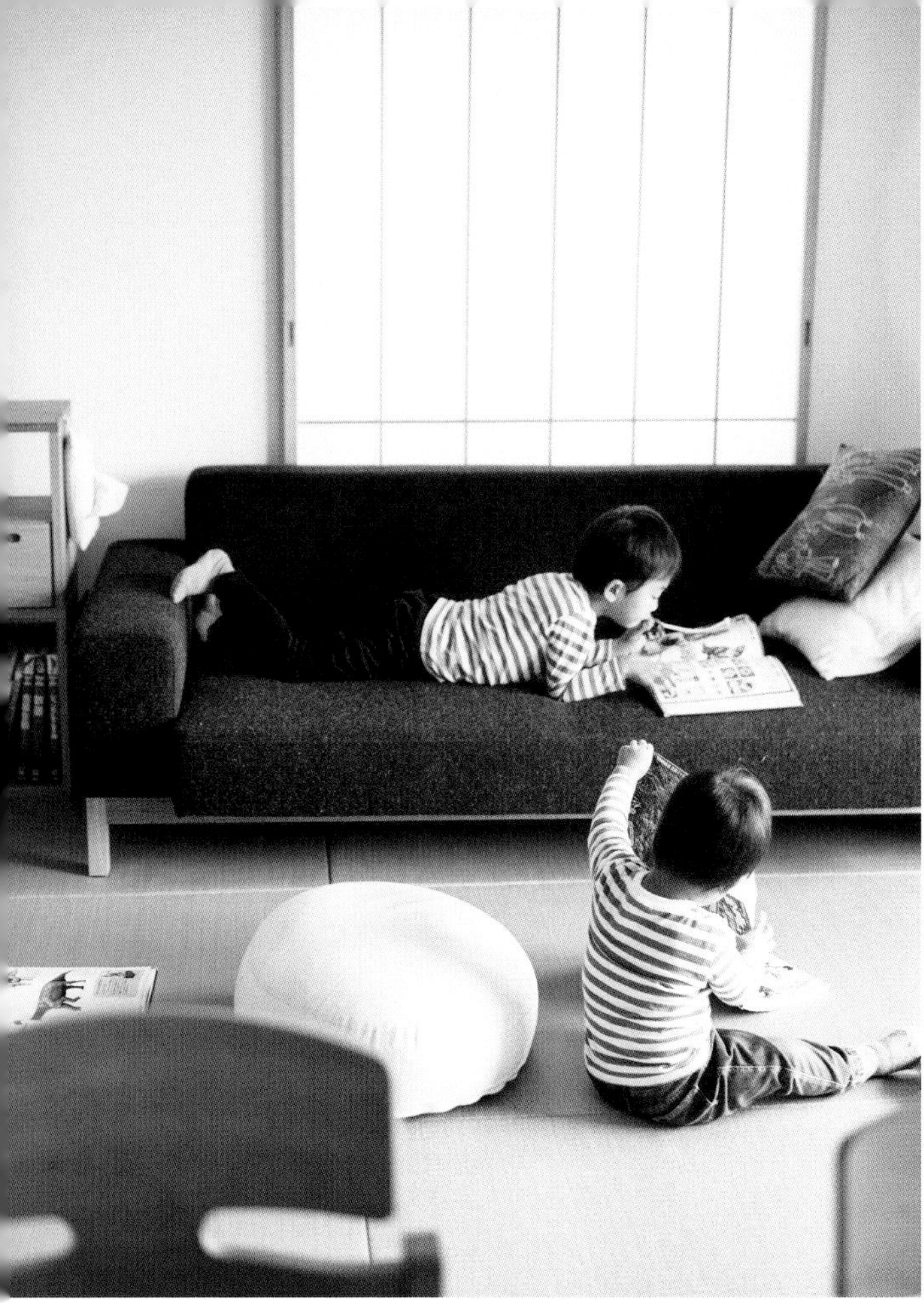

リビング
&
ダイニング

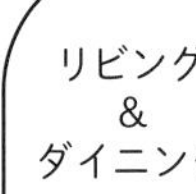

台所仕事をしながら子どもの様子も見られるように

リビングとダイニングは、家族が起きている時間のほとんどを過ごす場所。炊事中でも仕事中でもつながったひとつの空間で家族と一緒に過ごせる時間は、今こそ貴重だと感じます。

畳の上の居心地がいいようで、子どもたちは床でもソファでも場所を選ばずくつろいでいます。ゆっくり過ごしている隙に家事を片付けられます。

そして想定外だったのが、この家に住み始めてから夫の家事力が上がったこと。動きやすいキッチンと、地続きのリビング・ダイニングが功を奏したのでしょう。くつろぎの姿勢から気軽に、家のことをするため立ち上がるようになってくれました。ストップしていた朝食づくりを再開し、コーヒーをいれてくれて。この家に住めてよかった……を噛みしめるひとときです。

リビングにはくつろぎの設えを

照明

照明のコーディネートはすべて大光電機の高木英敏さんが担当。リビングは間接照明のみで、ホッとする雰囲気。食卓上のペンダントライトは「GLO-BALL S1」。和洋問わず空間にそっと溶け込む優しいデザインです。

畳

縁のない目積畳をリビングから寝室にかけて敷きました。15畳の広さのどこにでも座れて、寝転がれて、布団を敷ける自由度の高さ。低めソファとの相性もいいと感じます。

障子

友人の家で障子を見てから、素敵だなと感じていました。光が柔らかく、断熱効果も期待でき、畳とぴったり。破れにくい強化障子紙を貼っています。

ルーバー

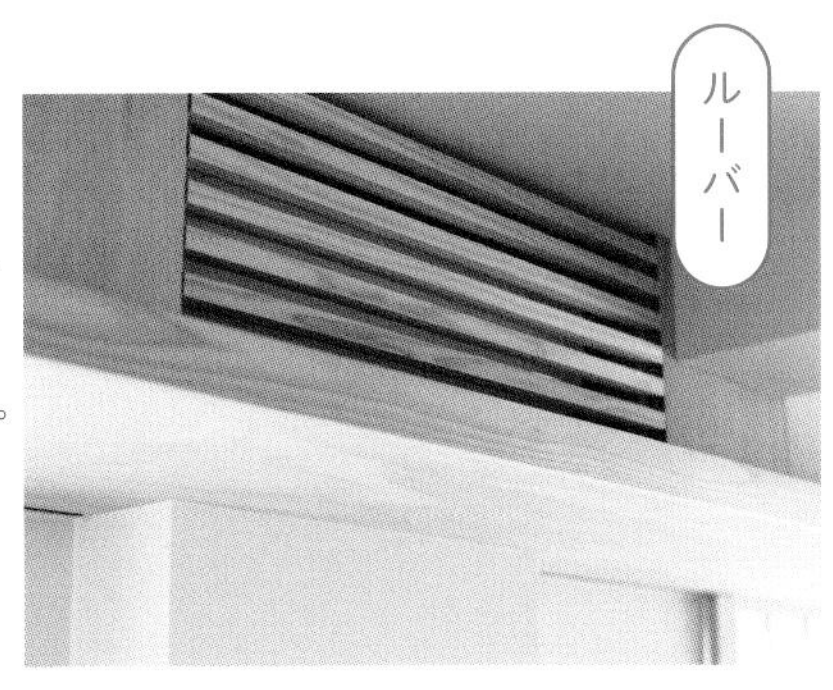

目線を遮りながら、光や風を通してくれるルーバー。エアコン前に設えて、家電の剥き出し感を抑えました。風が直接体に当たらないのもメリット。当初は上部をすべてルーバーにするプランでしたが、コスト削減のためエアコン前のみに。

キッチン

アクセスしやすい一列形キッチン

左右正面、どこからでもアクセスできるのが壁付キッチンのよさ。台の広さや吊り戸棚の設置など、家の中で一番具体的に要望を伝えた場所でした。

キッチン

作業動線を考えた造作キッチン

家事のなかで一番苦手なのが「料理」。だからこそ、どこよりも使いやすさに助けてほしかった場所です。壁付一列で吊り戸棚を付け、同じ方向を向いたまま「手を伸ばすだけ」「数歩の横移動だけ」で炊事ができるように。コスト削減のため、引き出しのパーツはイケアで購入し、前面に合板を取り付けてもらった造作キッチンです。

作業台の広さが炊事の助けに

作業台はシンクの左右とIH右手の3カ所に、広々と設けました。作業台の広さは食事づくりのストレスを和らげてくれることを実感。

収納力の高い引き出しを全面採用

キッチン下の収納はすべて引き出しタイプ。全開になって収納の死角が少ないからしまいやすく見つけやすい。調味料や食材ストック、保存容器などはIHの近くに、食洗機を挟んだシンク下には食器類を収納。引き出しのパーツはイケアの「マキシメーラ」。

背面に家電類をひとまとめ

キッチン背面は、冷蔵庫やオーブンレンジなど家電類を置くスペースに。生活用品(書類や薬類など日用品)もここに収納。ダイニングから見えない位置なので、多少ごちゃついても大らかでいられます。

大きい食器のなかでもよく使う一軍の平皿は手の届きやすい吊り戸棚の下段に。上段は使用頻度の少ない食器や、お弁当箱などを入れたボックスを収納。

食洗機からの動線を考えた食器収納

新居には迷うことなく食洗機を入れました。洗い物は料理ほど苦ではなかったけれど、時短と省エネを期待して即決。食洗機から手を伸ばすだけで戻せる場所に食器類を集結させました。

食洗機のすぐ横の引き出しに、よく使う平皿や小皿、お椀や湯呑みを。その横はカトラリー。片付ける時は両方開けてポイポイと。

キッチン

炊事をラクにする小さな工夫と選択

炊事はほかのどの家事より使う道具が多く、ゴミが出て、水や油汚れと切っても切れない関係です。清潔を保ちたい。そのうえキッチンはどこより、たくさんの手数をなるべく少なくラクにすることを目指したら、炊事へのハードルが驚くほど低くなりました。

ふと横を見ると公園と緑の風景を楽しめるのも、気持ちを前向きにしてくれる一因だと感じています。

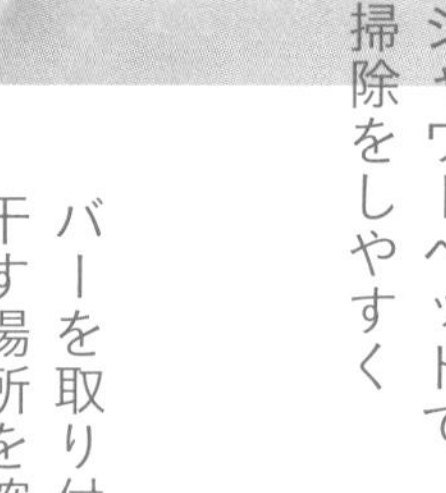

シャワーヘッドで掃除をしやすく

ノズルが伸びて掃除のしやすいシャワーヘッドの蛇口。デザイン性の高いクリンスイのビルトイン浄水器にしました。シンクも付属物がなくこすりやすい角が丸いタイプに。

バーを取り付けて干す場所を確保

キッチンに濡れたものを〝干せる場〟があることは、実はとても大切。ただ干している様子はなかなかの生活感。ダイニングから見えないキッチン背面の棚に、ホームセンターで購入したバーを取り付けました。

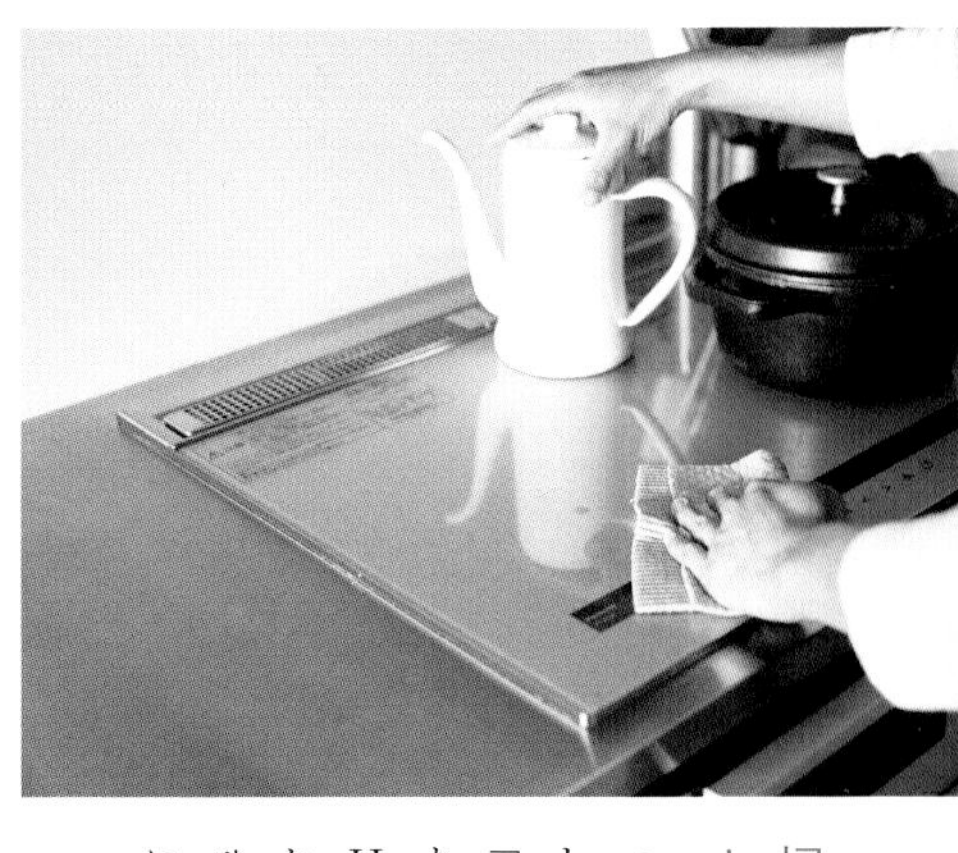

掃除しやすいIHを採用

コンロはガスで、と漠然と希望していましたが、「台を多く」「掃除をしやすく」という要望ならIHなのでは？ と提案されて方向転換。調理台とひと続きで拭けて、本当に掃除がラクです。

料理は「ホットクック」を活用

材料を切って入れたら、スイッチひとつで完成させてくれる調理家電。広い調理台を希望したのもこれを置くためでした。毎日活躍している、わたしの料理の右腕的存在。

換気扇も掃除のしやすさを考えて

自動洗浄機能の付いた最新モデルもありますが、〝自分が〟掃除しやすいとなるとシンプルな仕組みがベスト。予算の都合もあってグレードを下げましたが、これで十分だと感じています。

資源ゴミはシンク下の引き出しに

資源ゴミはシンク下の引き出しの最下段が今のところのベストポジション。余っていたボックスがちょうどよく、3つ並べて分別。燃えるゴミはキッチンからもダイニングからも使いやすいカウンター下に。

ランドリー
&
サニタリー

適度な広さで家事のしやすいスペースに

洗面ボウルの台を端まで伸ばしました。メイクかご、歯磨きかご、ヘアセットかごなどを並べて身支度できる広い台。家族横並びで歯磨きもできます。

ランドリー

洗濯↓干す↓戻すがとことんスムーズ

洗濯物をかけるためのバーを、洗濯機のそばに持つことが長年の夢でした。苦節10年、カーテンレールを利用したりバー付きの棚を探したり(涙)。

バースペースは、ランドリーでこだわったことのひとつです。洗濯機から取り出した衣類を、ハンガーを使ってバーにかけたら、ベランダまでは一直線。重い濡れたものを持っていてもスムーズな洗濯動線が叶いました。

新居に合わせて洗濯機も新調しました。念願の乾燥機能の便利さもさることながら、洗剤を自動投入してくれる機能にも大いに感動。洗剤のボトル類を頻繁に出し戻しすることや、中身を詰め替える手間から解放されました。

「洗う」「干す」「戻す」のラクさを追求した配置と、のびのびと動けるランドリースペースに助けられています。

洗濯機上のスペースを機能的に

洗濯機の上にはその場で使うタオルや洗濯ネット、フローリングワイパーの替えシートなどを収納。洗剤類のストックは上の吊り戸棚内に。出し戻しが一歩も動かずできます。

下着類、パジャマの指定席

洗濯機の横、浴室の正面に棚板を設え、家族分の下着類をひとまとめに。上の布ボックスには脱いだパジャマや部屋着が入っています。入浴後手を伸ばせば届く位置。

掃除のしやすさにもこだわって

汚れやすい洗濯機の下。パンにのせると掃除がしにくいので設置せず、リフトダウンするとキャスター移動のできる移動台に洗濯機をのせました。普段もフローリングワイパーが下に入ります。

サニタリー

シンプルな箱のようなユニットバス

浴槽に凹凸がなく壁に色柄のないシンプルなユニットバスが希望でした。管理の大変な水場ゆえに、掃除のしやすさが最優先。掃除の必要な面積を増やすまいと、カウンターや浴槽のフタ、鏡は付けていません。もし途中で必要を感じたら、後付けすればよいと考えています。

バスルーム横に設けたオープン収納

浴室横に空間ができたので、予備的な収納スペースにと可動棚を付けました。脱衣かごや冬場のヒーターなどを床置きせずに収納できます。洗面台のすぐ近くのため、歯磨きセットやアクセサリーの定位置としても活躍。

洗面台の下は湿気がこもらないよう扉を付けず、可動棚を設置。玄関からすぐなので、買ってきたおむつのパッケージを上段に置くことも。視界に入りにくい便利な位置です。手をかざすだけで石けんが出てくるソープディスペンサーはサラヤの「エレフォームポット」。

洗面台は広く、スッキリを保って

洗面ボウルと洗面台はシームレスなものを希望しました。継ぎ目がなければ掃除がしやすく、デザインとしてもきれいです。サッと拭けるように歯ブラシなどのツールはここに置かず、かごに収納して近くの棚を定位置に。

インスタグラムで出合ったペーパーホルダー。予備を置けて上が台になる、機能性とデザインが○。

トイレにはもてなしの工夫も

トイレに求めたのは「座り心地（夫）」と「スッキリデザインで掃除しやすい（わたし）」の2点です。両方が叶うTOTOの「ネオレストAH」は、佇まいの美しさも相まって使うたびうれしい気持ちに。音が気にならないよう、背後にCDプレイヤーを置いて音楽を。

玄関

土間を広くとり外出↓帰宅をスムーズに

家の面積に適したほどよいサイズの土間をつくりました。玄関の果たす役割は意外と多く、この仕組みに助けられています。

家の顔に、大谷石

夫もわたしも、石そのものの素材感に魅了されています。好きな宿に使われていた印象のよさもあって、大谷石を玄関正面の壁に用いました。帰ってくるたび、よかったなと思います。

飾り棚もある セパレートの靴棚

靴棚を上下のセパレートにしたことで、適度な高さに台を獲得。宅配便や出前対応での置き台としての実用性に加え、手持ちの雑貨をライトアップして飾れるのがうれしい。

コートやバギー、アウトドア用品や外遊びの道具など「外で使うモノ」のために土間をつくりました。これらは家の奥まで持ち込んでも中では使われず、持ち出しやすさを考えれば玄関に置きたいモノたち。これまでの家は玄関が狭くて置けませんでしたが、土間のおかげで叶いました。

土間の存在は、出入りの間口を横長にすることにも貢献しました。以前までは子どもたちや来客が玄関で渋滞していましたが、ここなら3人がいっぺんに靴を脱ぎ履きすることができます。座り込む子どもの横を通り抜けて先に入ったり、出て靴を履かせる側にまわったりが容易になりました。

また、居間の窓から自然光が届き、玄関が明るいのはうれしい。仕切りのない間取りの恩恵はこんなところにもありました。

収納のポイント❶

リビング、寝室とほしいところに、ほどよい収納

「衣類クローゼットは寝室に」「布団は押し入れに」といった既成概念にとらわれず、本当の意味で暮らしをラクにしてくれる収納について考えました。

朝起きてからリビングへ行って、着替えるため寝室に戻るのは面倒。お風呂に入る時に、パジャマや下着を別の場所に取りに行くのも面倒です。

生活の流れのなかで、「したいこと」と「必要なモノ」は同じ場所にあってほしい。ズボラが高じれば、暮らしと収納をとことん見つめる目となります。

ウォークインクローゼットをリビングに

居住空間の真ん中に家族4人分の衣類収納を置いたことで、「大人・子どもの着替え」「洗濯物をしまう」の作業が格段にラクになりました。扉も付けず、4歳長男が自分で服を出せるように。

予備収納も少しだけ

間取りの中央に少しだけ隙間ができたので、収納にしました。寝る場所に位置し、扉が玄関に続く出入り口と兼用のため、枕や肌がけ、子どもの絵本など「寝る時に必要なモノ」の収納に。

布団は大型収納にひとまとめ

北側の端を大きな収納としてアコーディオンカーテンで仕切りました。最初に決めていたのは「布団をしまう」ということだけ。中はつくり込まず、必要が出たら棚などを入れようと考えています。

収納のポイント❷

住みながら更新していける収納を

使う場所の頭上に戸棚

西側のカウンター上には、一列吊り戸棚が並んでいます。ワークスペースの上には書類、キッチンの上には弁当箱、トイレの向かいにはペーパーストックやお掃除シートなど、その場に適した保管モノが。上に開くフラップ式で、扉がじゃまになりません。

家の各所に、棚板の増減や高さ調整が自由な「シューノ」のレールを設えました。住みながら「収めてみて」「使ってみて」「変えてみる」の実験をしたいわたしにとって、よだれの出るような収納システム。年月とともに暮らしは変わるものだから、収納もその時々で更新していきたいと考えています。

これまでの賃貸暮らしでは、「ここにこれを置きたい」の役割をつっぱり棒に託すことが多々。新居では今のところ1本も使っていないことに驚愕です。

整理収納コンサルタントという肩書きがゆえに、「細かいところまでこだわった収納をつくるのだろう」と思われがちですが、ざっくりとしか考えていません。与えられた造り付けの引き出しと吊り戸棚、そして「シューノ」を活用しながら、どう工夫しようかを考えるのが楽しみです。

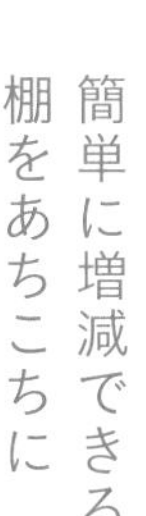

簡単に増減できる棚をあちこちに

サニタリー

念願だったランドリースペースのバーもシューノ。棚板だけでなくバーを付けることもできます。洗濯機の上にもこのシステムで棚を設置。

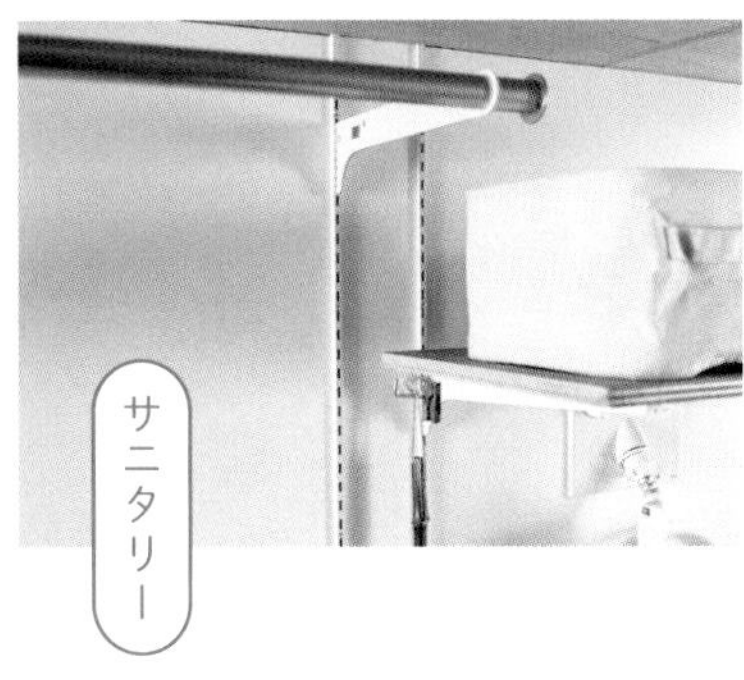

玄関

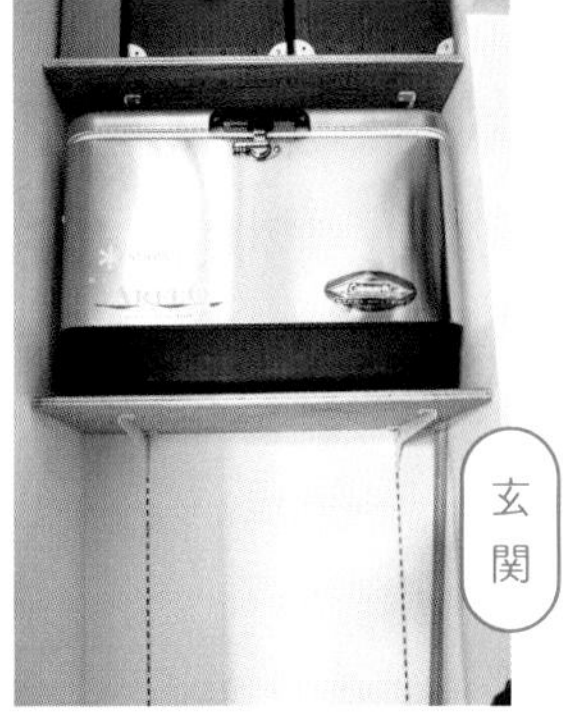

土間の奥にも。入れるモノの高さに合わせて棚板を調整します。耐荷重が大きいので、重たいキャンプ用品をのせても大丈夫。

デスク

ワークスペースでは本棚として。ダイニングのそばで収納の一等地でもあるため、仕事以外でもここの文具を使いやすい。お花や雑貨を飾るフリースペースとしても。

洗面

洗面台の下は湿度が高いため、オープンな棚板収納が向いています。棚板を浮かせてフローリングワイパーで掃除をしやすく。

棚板をストック!

今は使わない棚板は、靴棚の上部に保管しています。用途が変われば使う枚数が変わるかもしれず、今後のために。

※シューノのレール（棚柱）を設置するには、壁面に下地を入れて補強する必要があります。

ディテールのポイント❶

〝こだわり〟と〝コスト面〟のバランスで素材選び

玄関↓サニタリーの床は天然由来の「リノリウム」

リノリウムは亜麻仁油（あまにゆ）などの天然成分からつくられた建材で、抗菌作用を持ち、病院の床などでも使われます。玄関から脱衣室にかけては子どもの服から砂が落ちたり、ホコリが舞ったりと汚れやすい場所。抗菌作用がうれしいし、静電気が発生しにくいのでモップもかけやすい。

ここがいい！

田島ルーフィング「マーモリウム（シート）」を採用。一般的なプラスチックタイル（左）と比べると、マットで落ち着いた質感。傷が付きにくく、ハウスシックの心配もない。処分時に有害物質を出さない環境への優しさにも共感。

リノベに使用する建材には、なるべく自然素材でフェイクではないもの、主張が少なく長年住んでも飽きのこないものを選択しました。一方で、最初の見積もりが予算を大幅に超えたために、グレードを落とした部分も。

「予算内に収めたい」と、「せっかくリノベするのだから後悔したくない」の兼ね合いは、こだわるところとそうでもないところで分けて考えました。

玄関で出迎える「大谷石」

コストカットの対象にもなりかけましたが、「ここだけは」とこだわった大谷石。みそと呼ばれる穴の風合いが素敵で、年齢を重ねるにつれ好きな度合いが増していきそう。

壁はラワン合板（ベニヤ板）でコストダウン

木をかつら剥きにして貼り合わせた合板は、木目に途切れがなく表情が大らか。釘を打ちやすく、ニーズに合わせて実験ができる壁です。安価とはいえ大満足。ひとまずはこの表情を楽しみ、ゆくゆくは色を塗ってもよさそうです。

こだわったのは、「玄関の大谷石」と「サニタリー床のリノリウム」。そのほかはこだわりすぎずに建材のランクを下げました。

内側の壁がベニヤ板になり、フローリングには節のあるものが使われましたが、味わいがあり気に入っています。これらには、コスト削減のため自分たちでオイル仕上げを行いました。

ダイニングの床は「節ありのフローリング」

フローリングは唐松の無垢材。針葉樹、かつ節のあるものはコストが安いため、長尺で継ぎ目の少ないものを選ぶことができました。ヒヤッとせず、裸足でも気持ちのいい床です。

ディテールのポイント❷

暮らしやすさと気持ちよさにつながる意匠と仕組み

この家の一番好きな箇所を問われれば、それは窓辺の木のバー。「部屋干ししたい」という要望が、こんな形で実現するなんて。機能性、デザイン性ともに心を撃ち抜かれ、この家に住む幸せを折にふれ感じるディテールです。

適材適所に備えた吊るせる場所や電源を取れる場所、そして各所のデザイン性。かゆいところに手が届く設えで、家への愛着はより増しています。

窓辺

室内干しだけでなく、かばんやエプロン、夫のスーツなどを一時的にかけられて便利。

クローゼット

さまざまな形態でバーを付けられるように、シューノのレールを左右に4列設置。

「なにかと吊るせる」は暮らしやすい！

ほしい場所にほしいモノをピンポイントで置ける「吊るし」の術。これまでつっぱり棒とフックを多用して補っていましたが、新居ではバーを各所に配置して思う存分吊るしています。

サニタリー

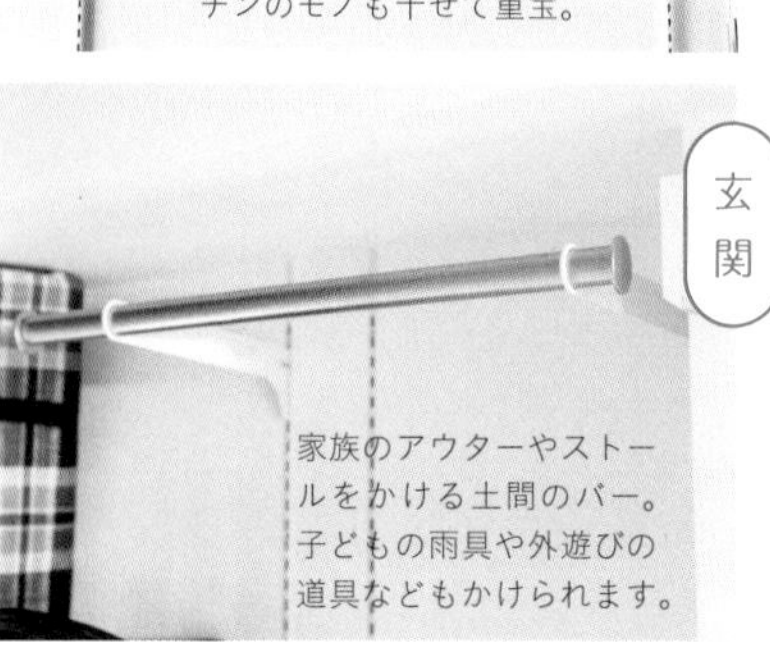

洗濯物を干す時に活躍する洗濯機横のバー。隣接するキッチンのモノも干せて重宝。

玄関

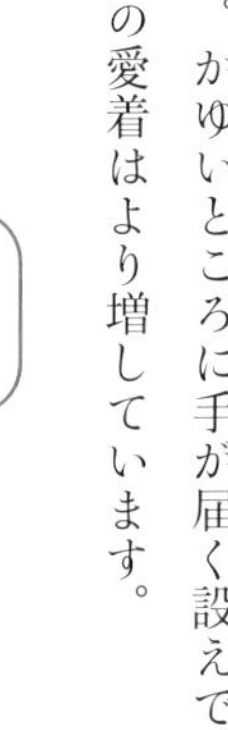

家族のアウターやストールをかける土間のバー。子どもの雨具や外遊びの道具などもかけられます。

クローゼット

煩雑になりがちな光回線の端子とルーターまわりはクローゼット内上部の目に入らない場所に。

寝室

枕元にライトやスマホの充電器を置けるよう、寝室スペースに2口。家の外周には一定の間隔で配置しています。

コンセントは適材適所

キッチン背面の棚には家電が集中するので8口と多めに。ダイニングテーブル下の床にはホットプレートやパソコンをつなぐために床用コンセントも採用しました。

パイプスペースが家のアクセントに

ずらすことを断念したパイプスペースに麻縄を巻き、猫がのぼりそうな柱に。用途はなくともアクセントになっています。

和室に合うミニマルデザインの部材

スイッチもコンセントも角の四角いタイプに揃えました。引き戸や引き出しの取っ手とともに、丸みのないソリッドな形状が和室によく合っています。

スイッチやコンセントは神保電器。トイレマークはテプラで自作して貼り付けました。取っ手は既存の窓枠の色と合わせることをすすめられて黒に。

改めて聞きたい！ 理想の家のつくり方

「近辺の建築士にリノベを頼む」という手法のヒントを得て、「○○市　設計事務所」とウェブ検索をして見つけたのが長澤徹さん。ブログを読んで考え方に共感し、実際に設計をお願いするに至りました。建築士に頼むのがおすすめなのはどんな人？家づくりに大切なこととは？改めてお話を伺いました。

【理想の家をつくるキーワード①】

自分に合う依頼先を見つける

本多：「家を建てたい」「リノベをしたい」と考えた時、「こんな人はハウスメーカーへ」「こんな人は建築士へ」という目安はありますか？

長澤さん：ハウスメーカーやリノベ会社に頼む場合と、設計事務所が入る場合との違いは、打ち合わせでテーブルにつく際の位置関係にも表れます(図1)。メーカーにオーダーする場合は、テーブルを挟んで対面で打ち合わせが進むイメージ。一方で設計事務所を介すると、お誕生日席に建築士が加わるという位置関係です。建築士は施主の代弁者であり、建築のプロとして工務店との間を取り持つような形で、話をまとめていきます。施主の支払い先は増えますが、メーカーから設計料が抜けるのでトータルはさほど変わりません。もちろんメーカーや設計事務所の料金設定によりますが。

本多：わが家の場合は、長澤さんが工務店さんを決めてくれました。

長澤さん：業者は施主との相性を考えて、決めます。工務店がいい場合もあるし、ハウスメーカーと組む場合もある。なかには、ぼくを通さずにメーカーをおすすめすることもあります。たとえば「ほとんどプロに決めてつくってほしい」とい

図1

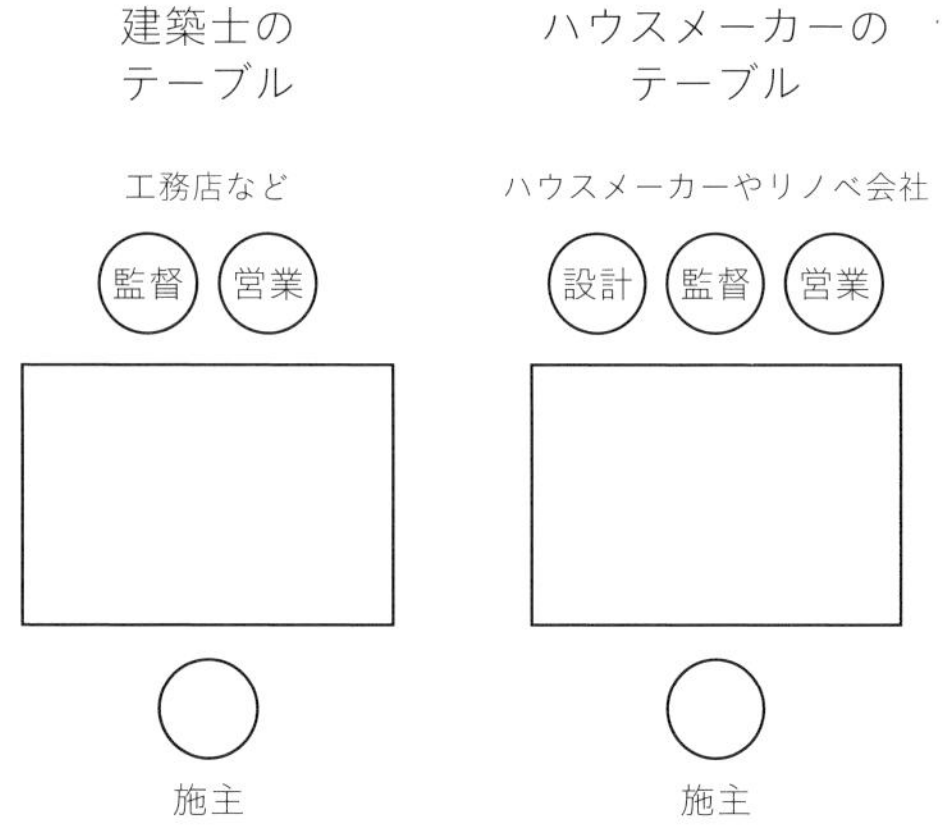

建築士のテーブル	ハウスメーカーのテーブル
工務店など：監督、営業	ハウスメーカーやリノベ会社：設計、監督、営業
建築士：設計	
施主	施主

う人には、商品シリーズで大枠が決まっているメーカーがいい。大きい会社の安心感がほしいという人にも向きます。見積もりが出るのも早いし工期も短いので、早さを求めるならメーカーでしょう。また、とにかくアフターメンテナンスが不要な素材を使うので、メンテをラクしたい人もメーカーがいい。劣化が早かったり傷が付きやすい素材は、クレーム対象となるので使われないんです。料金は高めですが、その分人が多くて対応力が高いですし。リノベ会社もハウスメーカーと同じような利点がありますね。そもそもリノベに慣れているから、最終的な着地がとても上手です。対して、設計事務所を介するメリットは、自由度の高さでしょう。商品の制約がないから、間取りから細かい部材まで、幅広い選択肢のなかから決めることができる。これを施主と一緒に考えてくれるのが建築士です。当然メーカーより時間はかかります。どちらに安心を感じるかですね。

本多：リノベーション会社に相談に行った時、担当者が誰になるかわからないということがわたしにとっては大きなデメリットでした。考えの合う人にやってもらえるだろうか、と。

長澤さん：設計士を選べる会社もありますけど、少ないですよね。

本多：設計事務所なら「誰に依頼した」が明確ですが、どうやって選べばいいのでしょう。わたしはブログに惹かれて長澤さんに連絡しました。

長澤さん：それ正解だと思います。価値観の合う人を探すことがとても重要なので、ブログが好きな感じで、資料請求したら好きなテイストの資料が来て、メールをしたら好ましい雰囲気の返信が来るというのは価値観が近い可能性が高い。今はウェブで情報をとれますから、建築士に依頼することのハードルが下がっていると思います。昔は特殊な選択だったかもしれないけど、気軽に考えてみてほしいですね。

本多：はじめは「建築のことがまったくわからないわたしが建築士に頼んでもいいのか」と躊躇したんです。

長澤さん：建築に詳しい必要はないですよ。本多さんは考えに軸がありつつも、要望がざっくりしていて、ぼくにとってはやりやすく、やりがいのある依頼でした。メーカーの使うコーティングされた劣化しにくい素材より、自然な風合いが好きで経年変化もよしとされる感覚を持っていらっしゃるし、ご自分で棚を増減したりと、実験できる余白があったほうがいい人なんだなあと。ぼくが言うのもなんですが、メーカーでは難しい家を望まれていると感じました。

【理想の家をつくるキーワード②】
ディテールよりも、「生活」を伝える

本多：わたしの要望は、「家事動線がいい」「広いリビング」といった漠然としたものでした。それでいいんですか？

長澤さん：どんな理由でそう思ったのかを共有できる余地があるので、プランを立てやすいです。逆に表面上のディテールを事細かに伝えられると難しい。たとえば「食洗機はミーレで」「リビングが14畳で」と決め打ちされると、内容によってはもっといい選択肢があるかもしれないのに、提案できるチャンスを失ってしまうんです。鼻水で病院に行って、医者に「わたしは風邪です、風邪薬をください」と伝えているのと同じような状態です。よく診察してきちんとヒアリングすれば、もしかしたら鼻水の原因は花粉症かもしれない。よりよい処方せんを提案できる可能性があるので、要望がはっきりしているほうがいいとは限らない。いつもヒアリングはカウンセリングのつもりで臨んでいます(笑)。

本多：話をじっくり聞いてくれる長澤さんだから、安心していろいろな話ができました。そこから拾ってもらえたのは本

長澤徹さん
ポーラスターデザイン一級建築士事務所
一級建築士／日本建築家協会所属

1973年埼玉県春日部市生まれ。東京都立大学建築学科卒業後、ハウスメーカーである積水ハウス株式会社に就職。社内設計士として、16年勤める。2012年に退社し、「ポーラスターデザイン一級建築士事務所」設立。住宅、店舗などの設計及び監理業務をメインとし、新築、リノベーション等全般を取り扱うほか、外構植栽、家具造作などの設計監理も行う。特に住宅設計を得意とし、丁寧なヒアリングにより施主の希望を汲み取りながらプランニングすることを心がけている。「GOOD DESIGN AWARD 2019」2019年度グッドデザイン賞受賞、同年「第7回埼玉県環境住宅賞 審査委員長特別賞」受賞。家族は妻と娘、息子の4人。趣味は山登りとキャンプ。
https://www.polarstardesign.com

当にありがたいです。

長澤さん：雑談のなかにたくさん出てくる話題は、その方にとって大事なことだとわかります。それから、お宅に伺って暮らしぶりを見せてもらうこともとても大きい。本多さんのお宅は、いつ伺ってもドアというドアが開け放たれていました。寝室に立てかけてある布団が見えていても気にしていない。風の通りを重視していて、「抜けた家がいい」と話している。かつ「宿が好き」で、リビングが寝室に変わるような構造に抵抗がない。それで、このような間取りができたんです。一般的には、玄関からすぐ寝るスペースに入るルートなんて提案できないんですよ。本多さんだから可能でした。価値観の合う建築士を見つけたら、世間話でもいいのでたくさん会話を交わすことがおすすめです。

本多：最初からディテールを細かく伝えるより、会話を重ねたり自宅を見てもらったりするほうが実りが多いんですね。

長澤さん：ディテールから組み立てるのが得意な設計士もいますが、ぼくは会話やご自宅から掴みたい。もちろん希望はすべてお聞きしますが、実は最初の細かい要望ってほとんど聞いてないです(笑)。施主がおっしゃるのは「今の要望」であって、長く住む先の話が入っていないことが多いので。

【理想の家をつくるキーワード③】

ヒントは雑談のなかにある

本多：要望もいいけど、雑談が大事なんだなあ。

長澤さん：誰だって、自分のことはわからないじゃないですか。だから他人であるぼくが、雑談のなかからその人のことを拾いたいと思っています。

本多：べつに長澤さんに「畳がいい」と伝えていたわけではないのに、畳を採用してくださいましたね。

長澤さん：布団で寝ているし、「こんな家がいいと思う」とスクラップしたものに和の雰囲気のものが多かったんですよ。そして宿がお好きでしょう。

本多：夫とのラインのアルバムに気に入った写真をアップロードし合っていて、それを長澤さんに見てもらったんですよね。今回取材したほかの家の方も、望みの家のイメージとしてよその家のスクラップをされている方は多かったです。

長澤さん：好むイメージが伝わりやすいですね。

本多：障子も、こちら発信じゃなかったけど、本当によかったと思います。

長澤さん：窓まわりの断熱で二重ガラスという案もあったのですが、窓の景色が好きなのにガラス面の狭くなる二重ガラスはよくないだろうと感じたんです。障子なら断熱性があり、畳との親和性も高い。昼間はカーテンをしたくないとおっしゃっていたので、レールを壁側まで伸ばして全開できるようにしました。ひとつのヒントではなく、2つ3つと出てくるキーワードからプランを出しています。ディテールを細かく指定されていたら生まれなかった間取りと設えですね。

本多：わたしが整理収納サービスを行なう時のヒアリングと同じですね。暮らしにまつわる雑談にこそ、よい収納につながるヒントがあるものです。

長澤さん：そして、設備やパーツを選ぶ時にはバランスが大切です。すべてを施主の要望通りにするとバランスが崩れがちだし、予算を大きく超えてしまう。ぼくは聞き取りをしながら、「その生活ならこの機能はいらないな」とグレードを下げて、最終的に全体のグレードが均一になることを目指します。こっちがベニヤ板なのにそっちは大理石、なんていうのはちぐはぐですから。価格、素材感、メンテナンスのし方が家全体で共通しているときれいです。ただ、施主が大事にしたいというところは削りません。本多家の場合、玄関の大谷石と便器の「ネオレスト」ですね。

本多：どちらもコストがかさむ選択でしたが、今暮らすほどに「よかった」と思うので、妥協しなくて正解でした。

【理想の家をつくるキーワード④】

極めたいのは「普通」

本多：長澤さんにとって、家は住む人にどう在ってほしいですか？

長澤さん：住む人が、住まいに対してなにも感じないくらい自然な存在であってほしいですね。主役は人ですから、「家は背景でしかない」状態が望ましいと思っています。いいも悪いも、なにも感じない普通の家であってほしい。

本多：まだ「めちゃくちゃいい！」と思って住んでますけど(笑)。でも確かに、引っ越してきた途端、今まで通り普通に暮らせています。入居前から、間取りを見るだけでここでの生活が想像できました。暮らしはなにも変わらないけど、これまで感じていた些細なストレスのひとつひとつが解消されるのが予感できて、住む前からうれしくなりましたね。

長澤さん：その人にとっても、そして他人から見ても「普通の住宅」をつくりたいんです。むしろ施主より他人から見た時に、「この家はこの人に合っている」と思ってほしい。テレビ番組の「建物探訪」を観ていて、「うまいなあ」と思うのはその家がその人に合っている時です。本多さんにはベニヤ板であってほしい。

本多：ベニヤ板(笑)。

長澤さん：普通って実は簡単ではなくて、膨大な知識量を持ち、そのなかからその人に合った正解を選ぶということ。普通＝中くらいというわけではなくて、突き詰めれば果てしないことなんです。

本多：収納も同じかもしれません。パッと見の感動ではなく、使っていてなんの引っかかりもない収納が暮らしやすさにつながる。くり返す当たり前で普通の暮らしを見つめてみれば、自分にとっての理想の家が見えてくるのでしょうね。

4章

それぞれの家、住まいのかたち
お宅訪問編

新居づくりと並行して5軒のお宅を訪問。
それぞれの「今」に寄り添う
家と暮らしは、
住まいの在り方への
視野を広げてくれました。

CASE 01

中古マンションをリノベーション

元の間取りを生かしたフルリノベで理想の住まいを実現

葉田いづみさん

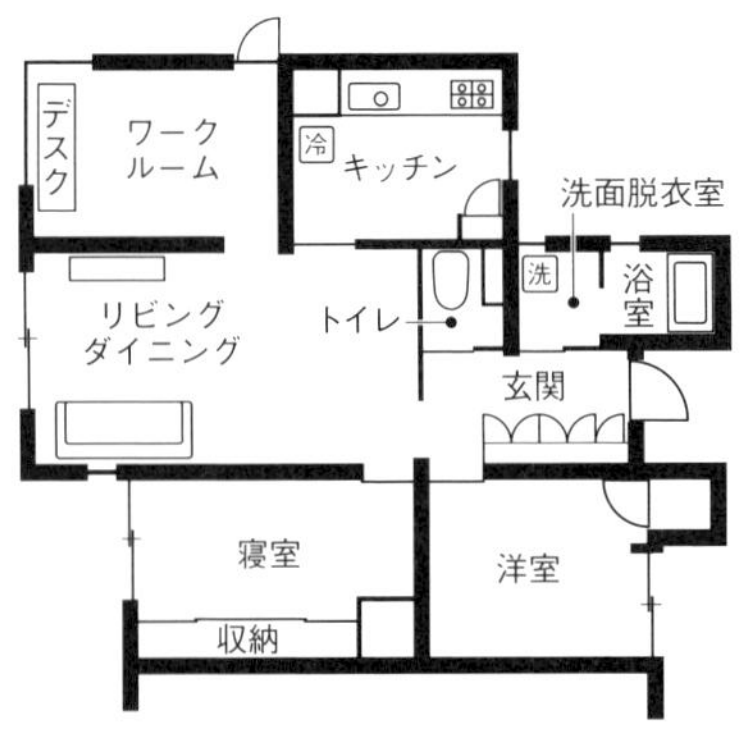

data　3人暮らし(夫、息子7歳)
間取り／広さ：3LDK／75.5㎡　築年数：38年

モノトーンに少しの木。シンプルで洗練された色味のリビングダイニング。

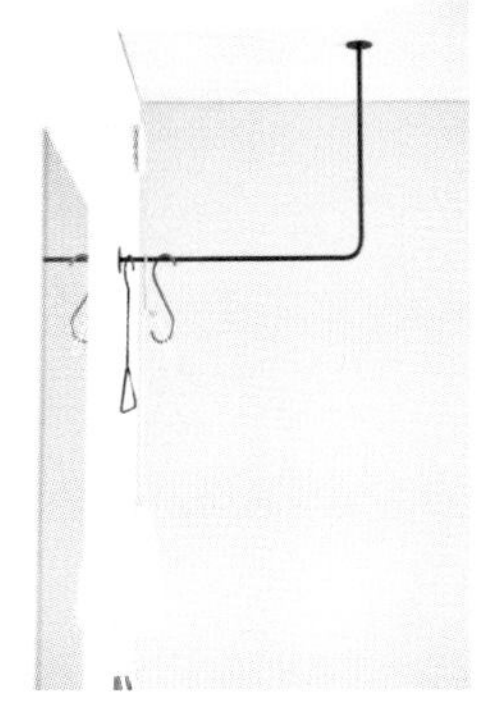
衣類収納の近くに一時がけ用のL字バー。リビングからの見え方を考えてこの角度に。

扉を天井までの引き戸にし、空間に広がりをもたせています。窓のカーテンも天井から。

枠のなかで望みの家を実現したい

ブックデザイナーの葉田いづみさんは、木工作家の夫と小学2年生の息子さんとの3人暮らし。息子さんが小学校に上がる前にと、それまで住んでいた国立や土地勘のある国分寺周辺で家を探していたそうです。好みの空間をつくりたいという思いから、リノベができる中古マンションが中心。

「一からつくるより、ある程度の枠があって、そのなかで自分の理想の空間をつくっていくほうが自分には向いている」と話す葉田さん。「本をデザインする仕事とも通じます」。確かに、なんでも好きにしていいよと言われると途方に暮れますが、「制限」「お題」があるほうが自分の優先順位がはっきりして考えやすいというのはわかる気がします。

物件を探して2年ほど経った時、近所のマンションに住む友人から「うちのマンションに空きが出たよ」と情報をもらいました。その友人宅を訪れるたびに、「低層で感じのいい物件だな」と思っていた葉田さん。すぐに不動産屋さんに連絡を入れ、内見を申し込みました。築38年という古さについては、「マンションの寿命については諸説あって、なかには100年もつという説も。楽観的にとらえました」とのこと。

最終的な決め手になったのは、葉田さんの望みとマンションの条件がぴったりと合っていたこと。壁式構造のため間取りを変えることはできないとわかりましたが、「仕事部屋」「寝室」「子ども部屋」があり、キッチンが独立。葉田さんの求める間取りと同じだったのです。

仕事部屋に置かれた、木工作家の夫がつくった木枠。息子のランドセルや学用品置き場になっています。白いボックスの中身は夫の仕事道具。仕事に集中できるよう、色の数を抑えて雑多な空間にならないように。

色数はできるだけ減らす工夫を

はかどる仕事場。1階の角部屋で2方向に窓があり、明るい。冬場の寒さは悩み。

信頼できる建築家と

購入した物件は、立地とデザインのよさがありながら築古のため、当初想定していた予算の半額で済みました。そのおかげで、リノベに1000万円をかけることができました。

手掛けたのは、ストレート・デザイン・ラボの東端桐子さん。葉田さんの旧知の仲であり、絶大な信頼を寄せている建築家です。「好みが近くて、どれだけ待とうとも彼女に依頼することを決めていました。半年かけて話を聞いてもらったこともあり、彼女の提案はいつもわたしの意思にぴったり沿っていました」と葉田さん。

とはいえ、すべての希望を叶えられたわけではありません。バスルームをユニットに、壁を合板にしたのもコスト面での選択でした。

コスト面もクリア 合板を生かした 壁・床・天井

窓際に、エアプランツを吊るすために設えたフック。今は、室内干しに活躍。合板なら穴を開ける加工もしやすい。

光が映える、合板を塗った白い壁と天井。床はモルタルの素材感を目指して、合板を塗装。葉田さん夫妻のように自分たちで補修したり塗り直したりができる人には向きますが、一般的には手入れが難しいそう。玄関からリビング入り口付近までの床は「使ってみたい」と念願だった芦野石。

キッチンは高さと深さが肝

葉田さんの身長からちょうどいいところにステンレスの棚を設置。調理中にちょっとモノを置くのに重宝。ナイフマグネットはIKEAのもの。

camp 大原温さんにデザインを依頼したオールステンレスのキッチン。引き出しの比率や奥行き、高さなどをデザイナーと相談しながら決めました。鍋類や食器、食品ストック、調味料など、キッチンで使うほとんどのモノをこの中に収納。写真左下：照明は夫の好みで蛍光灯風のLEDに。リノベの詳細決定比率は、家にいる時間の長い妻７割、夫３割くらい。

引き戸を多用して空間を有効に使う

扉のほとんどは引き戸で、開けた時にスペースを占領しないつくりに。扉の金具は、カタログで選んだものを塗装会社に渡し、白く塗って使ってもらったそう。右上：サニタリーが狭いため、洗面台は小さなものを。空間を広く見せるため洗面台下の収納は設けずすっきり。鏡面収納もなるべくシンプルなものを造作してもらいました。左上：トイレのペーパーホルダーは探しまわり、ネットショップ「general view」で発見。下：家族全員分の衣類が入った寝室の収納。扉を上下で分けず、天井までの1枚にすることで空間が美しく。

イギリスの家具会社、ヴィツゥの本棚を後付け。日常的によく使う文具類や雑貨を最上段に。色味に統一感があるからか、不思議と雑多な感じがしない。

“棚は浮かせる”がスッキリ、きれいのポイント

上：テレビの裏にコンセントと配線を隠し、雑然としがちなテレビまわりをシンプルに。レコーダーがぴったり入っている棚は、夫の手づくり。下：玄関収納も、床から離して。中身は半分が靴、半分が防災グッズや工具など。天板には夫婦の好みのアートを並べて。

掃除のしやすさが最優先

葉田さんは以前から、床にはなるべくモノを置かずに掃除のしやすい環境づくりを心がけていました。床にモノがなければ、部屋の隅々まで手軽に掃除の手を入れることができ、きれいをキープできます。もちろん家づくりにおいても、掃除のしやすさが最優先事項。床にモノがなく隅があらわな状態なら、「部屋がスッキリ見える」という視覚的な効果も。これは夫のこだわりでもあり、本棚もテレビ下の棚も床から離しています。

入居後も、モノを増やして家具を増やすことのないように心がけ、白い壁の余白を大切にしているのだそう。掃除のしやすさと視覚効果の両面で、清潔感のある部屋をつくり出しています。

葉田さんに もっと聞きたい！ 家づくりのこと

どんな家にするか最初から はっきりしていましたか？

葉田さん／以前はもう少し木の感じが好きでしたが、好みが変わってクールな感じになりました。建築家にも、「ナチュラルな感じは好きじゃない」という共通認識を持ってもらって。

本多／人の好みは変わりますよね。わたしも自分の以前の趣味には恥ずかしさを感じるくらい。だから、家に「今好きなもの」を詰め込むのは不安なんです。10年後にそれをどう思うか……。

葉田さん／わたしは、10年後は考えなかったですね。あんまり先を見てないというか、わからないから考えても仕方ないというか。好みが変わったら変えればいい、と思います。

子どもがいる家でありつつ クールさを保つのって 難しいような……

本多／スッキリとクールな部屋をつくる際に、「子どものいる家である」はネックになりませんでしたか？

葉田さん／「子どものために」という視点はとくにないんです。ポップで賑やかなのが必ずしも子どもにいいとも限らないですし、「子どものために」が必要なのは本当に一時のことですから。掃除のしやすい家であることは心がけましたが。それから目に入る情報量は、少ないほうが気持ちがいいということ。ノイジーな空間は落ち着きません。家で仕事をするので、居心地がよく、かつはかどる環境であることは大切です。

本当はこうしたかった！ orこうしてよかった！ ところは？

葉田さん／本当はキッチンの壁を取り払ってLDKにしたかったというのはありましたね。でも構造上無理でした。中古マンションのリノベは構造によってできることとできないことがあるんです。やってみたら意外によかったのがコンクリートの壁。建築家から、リビングの一面だけ、躯体現しでコンクリート剥き出しの壁にするのはどうかと提案されたんです。結果、空間にメリハリがついてよかったですね。

CASE 02

二世帯の家

つながりながら尊重し合える三世代の住む家

藤波弘美さん

三方に緑が見えるこのキッチンに立つと、それだけで癒されるのだそう。大きな窓には、カーテンではなくルーバーが設えられています。夏の暑さを遮りながら、景色は見せてくれる優れもの。窓の外の自然と、差し込む光と調和する、木の温かみ溢れる家です。

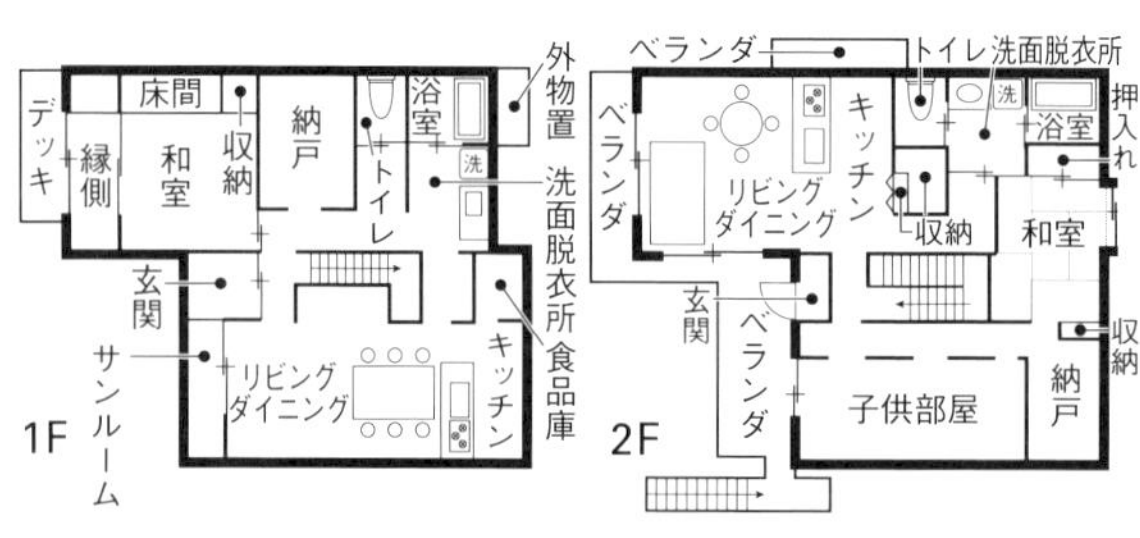

data

7人暮らし（父、母、夫、長男17歳、次男14歳、三男10歳）
間取り／広さ：1階2LDK／105.5㎡、2階2LDK／96.1㎡
築年数：11年

憧れの、建築家と建てる家

長男が小学校に上がるタイミングで夫の両親と一緒に住むことを決めた藤波さん。長男が5歳になった頃から、「家」についてさまざまなことを模索し始めました。当初は両親の家を二世帯住宅にリフォームする案もありましたが、建築基準が変わっていて柱が使えませんでした。結局、お義父さんが潔く「建て直そう」と言ってくれたことで、新築への道が開けました。

そこからは、建築家を巡って誰に頼むかを決める旅へ。もともとインテリアや家づくりの本が好きで、「建築家と家を建てたい」という願望を持っていたそう。新宿にある住まいの情報センター「OZONE」で情報を得て5人の建築家に会い、それぞれの建築物も見学しました。そのなかで夫婦揃って「この方に頼みたい!」と強く感じたのが、伊藤裕子さんです。

伊藤さんの建築は、木を多用した温かみのある雰囲気が特徴。そこに住む人の暮らしにとことん寄り添った設計であることに感動しました。「見学に伺った家のすべてで家族の望みが叶えられていて、住んでいる人がニコニコしていたんです」と藤波さん。

ただ、この家に住むのは藤波さんご夫婦と子どもたちだけではありません。自分の家を壊して多くの費用を負担してくれるご両親の意思は、もちろん大切。お義母さんは、最初に伊藤さんが出したプランに首を縦に振りませんでした。藤波さんは、ひとつの家を2つの家庭でつくる難しさを実感します。「みんなが満足するまで根気強くプランを練ってくれた伊藤さんには、感謝しかありません」。

キッチンは スッキリ見せる工夫を

右：リビング側からキッチン内の散らかりが見えないようにカウンターに高さを持たせました。見た目のスッキリ感を重視して、ツールに関しては見せる収納より「しまう収納」。左上：シンクの下は収納を設けず、ゴミ箱の定位置に。左下：たまりがちな資源ゴミを置いておけるサービスバルコニー。キッチンにおいて、「ゴミの場所」は要。「あってよかったもののひとつです」と藤波さん。

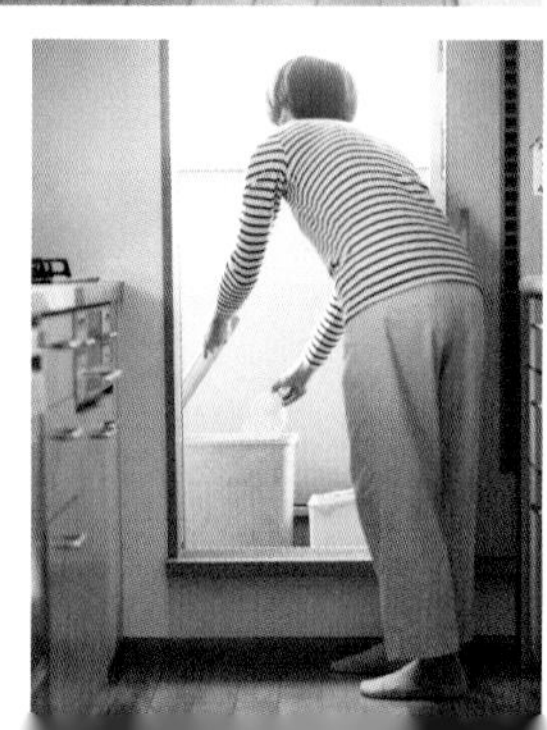

人・風・光が通る
家づくりにこだわって

義両親の住む1階とつながる階段。吹き抜けになっていて、柱に室内干し用のポールが設えられています。男子3人の藤波家では雨が降っても洗濯待ったなし。風が通るので乾きやすい。

吹き抜けの階段を中心に、廊下と和室をぐるりと回遊できます。左上：吹き抜けの上部には天窓、ルーバーの向こうはロフトと、家全体に風が抜ける工夫が。右：必要な時は、引き戸で空間を閉じられるように。左下：廊下の突き当たりに小さな扉で風の通り道を。子どもはこんな扉が大好きです。

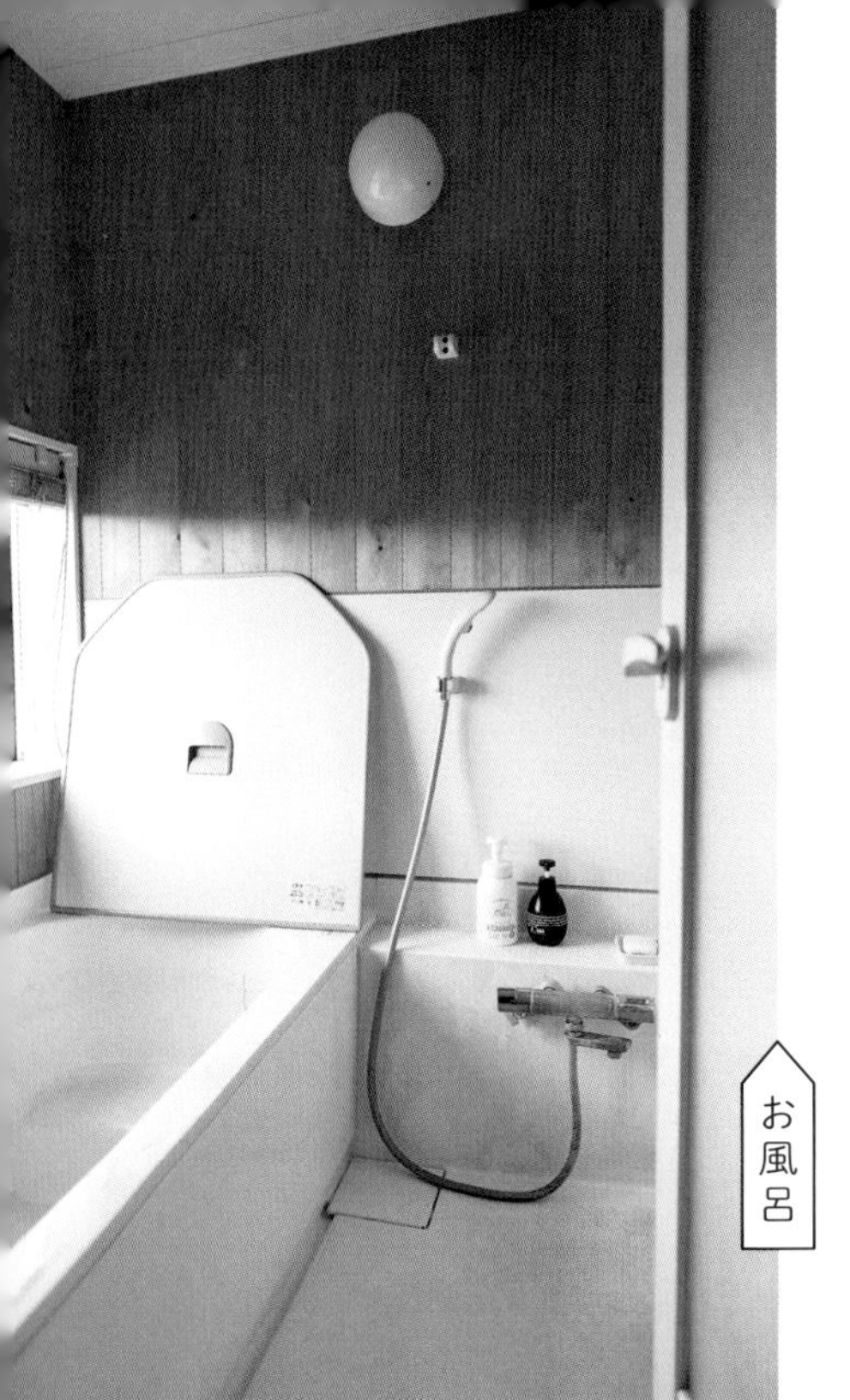

お風呂に景色の見られる窓を付けたいというのがご主人たっての希望。壁木はかびるので、10年経った一昨年に貼り換えました。

ゆったりとくつろげる空間にしたくて、広く面積をとったトイレ。木の温もりと窓からの光で落ち着いた雰囲気。

すべての機能を分けることが二世帯を心地よくする

外から藤波「子世帯」へ直接上がれる階段を設置。2階にも玄関があります。とはいえほとんど1階から入り、中の吹き抜け階段を上がるのが習慣の子世帯一同。仲のよさがうかがえます。

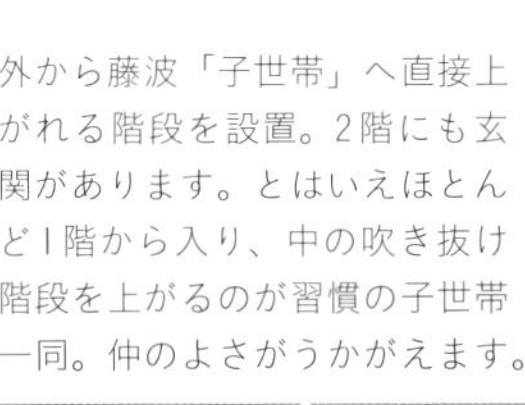

子どもの成長に対応できる家に

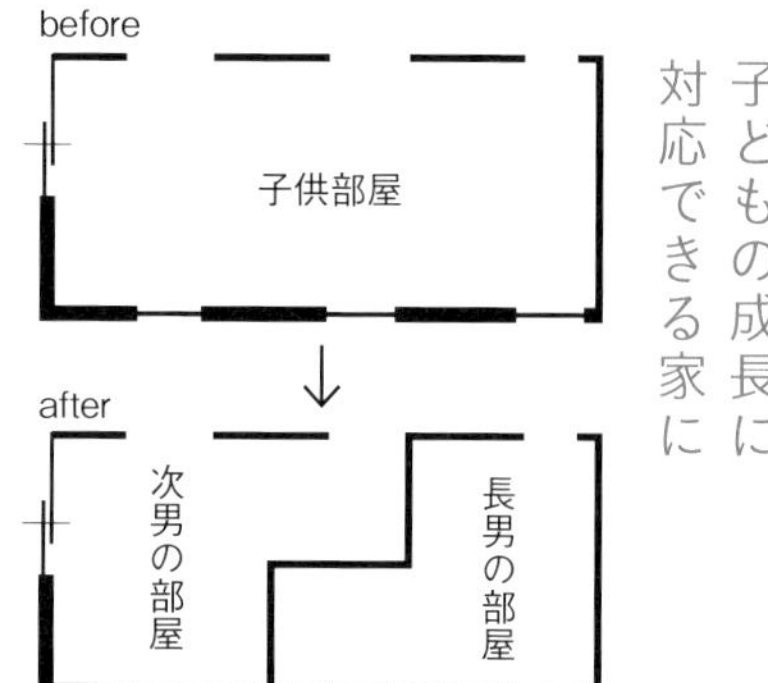

兄弟3人が大きくなったら、それぞれの個室にしようと考えて、「入り口3カ所、窓3つ」の大部屋を用意。実際大きくなってみると、年の離れた長男と三男が同時に個室を使うこともなさそうなので昨年2部屋に分けました。

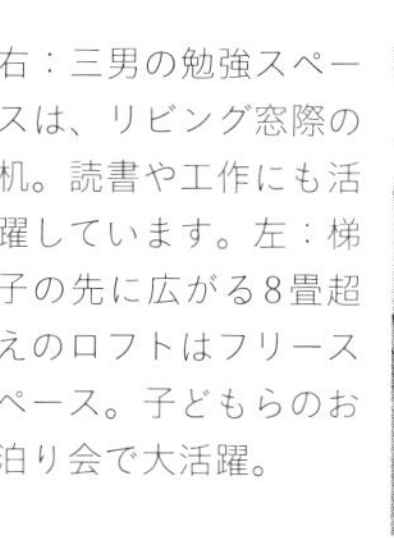

右：三男の勉強スペースは、リビング窓際の机。読書や工作にも活躍しています。左：梯子の先に広がる8畳超えのロフトはフリースペース。子どもらのお泊り会で大活躍。

家族の理想の在り方を家がサポートしてくれる

二世帯の区分けは、1階が義両親、2階が藤波さん子世帯で水まわりはすべて別々です。玄関も、それぞれ別々にあります。家の中央には吹き抜けの階段をつくり、中での行き来が自由にできるようにしました。階段の上り口に扉を付けることで、上下が緩くつながりながら、互いのプライバシーも守れる家となりました。

ここに住んで10年の間、二世帯の間に大きなトラブルはなく、平和な暮らしが営まれています。両親は育児を大いに助けてくれて、「とにかく感謝の一言」だそう。うまくいく秘訣は、「ちょっとの遠慮と、感謝をすること。気を遣いすぎないことと、細かいことは気にしないこと」。子どもたちは気軽に家の上下を行き来して、なかでも三男はいつも祖父母の布団で寝ています。

お互いを身近に感じながらも、リラックスもできるほどよい距離感を保てるのは、この家のおかげ。大好きな建築家に頼めて、自分の希望をたくさん詰めた家をつくれたのは、両親のおかげ。そして「両親と暮らしてくれてありがとう」という感謝とともに、家づくりを一緒に考えてくれた夫のおかげ。

「この家だからこそ3人目が産めて、長男、次男ものびのびと育つことができたと実感します。キッチンから見える竹林はどんな天気の日でも美しく、この家に住んでから雨の日も好きになりました」と藤波さん。「毎日の暮らしが自分の一生になるわけだから」と話す藤波さんの暮らしからは、家が家族の幸せを支えてくれる大きな存在であることが、伝わってきました。

収納は使う場所のそばにつくる

上右：リビングのベンチ下は日用品や遊具を収められるスペースに。上左：キッチンの一角にあるパントリーは藤波さんの希望で設置。下右：洗面所の向かいにある大きな収納には、家族分の下着やタオル、日用品のストックが。使う場所への動線上にあるため動きに無駄が出ません。下左：回遊できる廊下の一角に、主に夫婦のクローゼットスペースが。

伊藤裕子さんは
木を活かした温かみのある
建築が特徴ですね。
わたしも大好きな方でした。

藤波さん／若くして亡くなられて、本当に残念です。自然を活かして周囲との調和を考えてくださる方でした。なにより家族が気持ちよく暮らせるようにと、両親の廊下には手すりを付けたり、床をコルクにしたりと細かいところまで気を配ってくださって。風の吹き方や陽の差し方のデータを取って、風の通る冬もぽかぽかの家をつくってくれました。

本多／今も本当に気持ちがいいです。寝っ転がりたくなるリビングですね。

藤波さん／つい寝てしまいます(笑)。窓を開け放って掃除をしていても気持ちがよくて、伊藤さんの設計のよさを実感します。

藤波さんにもっと聞きたい！家づくりのこと

どうやって建築家に
イメージを伝えましたか？

藤波さん／インテリア雑誌の切り抜きをスクラップしたり、家族それぞれが住宅雑誌のお気に入りページに付箋を貼って見てもらいました。あとは「見せる収納よりしまう収納がいい」「部屋干しスペースがほしい」と要望を書き連ねて。

コストを抑えるために
あきらめたことは
ありますか？

藤波さん／二世帯それぞれに水まわりをつけると、マンションを2部屋買うような金額になってしまいます。それでも、望みはほとんど叶えてもらうことができました。コストカットは壁を下地のままにするなど、あまりこだわりのないところで。あとから思ったのは、トイレの前が洗面所なので中に手洗いはいらなかったなと。

本多／これから家をつくる人におすすめしたいことは？

藤波さん／部屋干しコーナーはやっぱり便利！　家族が多いとなおさらです。それから資源ゴミ置き場はあったほうがいいですね。どうしてもたまるものだから。

セミオーダーでつくるシンプルな家

根石賢太郎さん

仕切りをなくして
人がつながる家に

廊下をなくして個室をつくらず、限られた面積の中で大きな一室空間を実現。どこにいても、家族の気配を感じることができます。

data

3人暮らし(妻、長女9歳)
間取り/広さ：2LDK/105㎡　築年数：6年

4章 お宅訪問編

広々ととったこだわりの土間

以前、土間の広い友人宅の玄関を見て感銘を受けた根石さん。「広い玄関は気持ちがいい」と、玄関の広さにこだわりました。建築士の提案で、壁の奥に収納スペースを設けています。

理想の土地に建てた好み通りの「窓の家」

根石さんご夫婦は、娘さんの出産に伴って賑やかな横浜市内から閑静な逗子の実家に住まいを移しました。住んでいるうちに、海山の自然に恵まれ人の穏やかなこの環境を気に入り、周辺で家を建てたいと思うように。

チラシや不動産屋さんから得た情報で、見に行った土地は10カ所ほど。今の土地に決めたのは、実家から近く、日当たりのよい角地だったから。憧れていた庭仕事も、ここなら叶います。

そして土地の次は上物。最初に建築家の集まるエージェントを訪れましたが、デザインには建築家の色がかなり入ると念を押されました。その傾向や考え方が自分と完全にマッチする建築家は見つけられず、総工費の2割とい

1階にLDKを広くとるため、サニタリーを2階に。洗面所上の高いところに天窓を設け、湿気がこもらないようにしています。光が入り、明るい雰囲気。

光に溢れ、風が通る。声が届く。

左：念願の広い庭を一望できる、リビングの大きな窓。「窓の家」の窓は、施主の要望とともに、“そこを開けるとなにが見えるのか”を現地で確かめながらつくられます。右上：キッチンを庭側にした結果、ダイニングとリビングが緩く区切られた間取りに。すりガラスからの採光で、柔らかな光に包まれた食卓です。右下：リビング上は吹き抜けになっていて、2階の部屋へじかに声が届きます。

う設計料金もネックに。ハウスメーカーにも相談に行きましたが、商品の中から選択することに窮屈さを感じました。

一からつくらなくても、自由度の高さがほしい。そこで、建築家とメーカーの中間的な立ち位置でセミオーダーできる「無印良品の家」を見に行きました。もともと夫婦ともに無印良品のデザインが好きということもあり、実物を見て魅了されたそう。ふたりが描く「凸凹が少なく、色やディテールも極力シンプルな家」というイメージに、「窓の家」はぴったりでした。間取りの自由度が高かったこと、外壁が経年変化を楽しめる塗り壁であったことも根石さんの希望に沿っていました。

家の基本的なコンセプトは、壁で仕切らず空間を大きくとった「つながる家」。陽の光を遮る壁がないので全体が明るく、冬も暖かく過ごせます。難

人のためのスペースを優先するため、造り付け収納は最低限に。モノは厳選し、1つ買ったら1つ手放すようになりました。また雑多に見えないよう、家具や引き出しの中にしまっています。

光が入る明るいキッチン モノは少なくすっきりと

建築士の提案ではこちら側にダイニングがありましたが、勝手口から庭が見えるようにとキッチンに変更。気持ちよく炊事のできる環境です。ゴミ置き場は床下収納に。食器棚の代わりに、掃除のしやすい転がせるワゴンを利用。

家族の収納は一カ所に

2階唯一の収納に、家族3人分の衣類と扇風機などの季節ものを。以前はモノをためがちだったのが、限られた空間の中で定期的に整理できるようになったそう。

将来を見据えたフレキシブル空間

ウォークインクローゼットとして使っていた2畳ほどのサービスルームを、小学3年生になった娘さんの小部屋に。棚と机と洋服が入り、なんとも落ち着くおこもり感。将来的には壁を手前にずらして空間を広げる工事も視野に入れています。左下：2階の一角に置いた根石さんの仕事スペース。日当たりがよく、ここでの読書が至福の時。

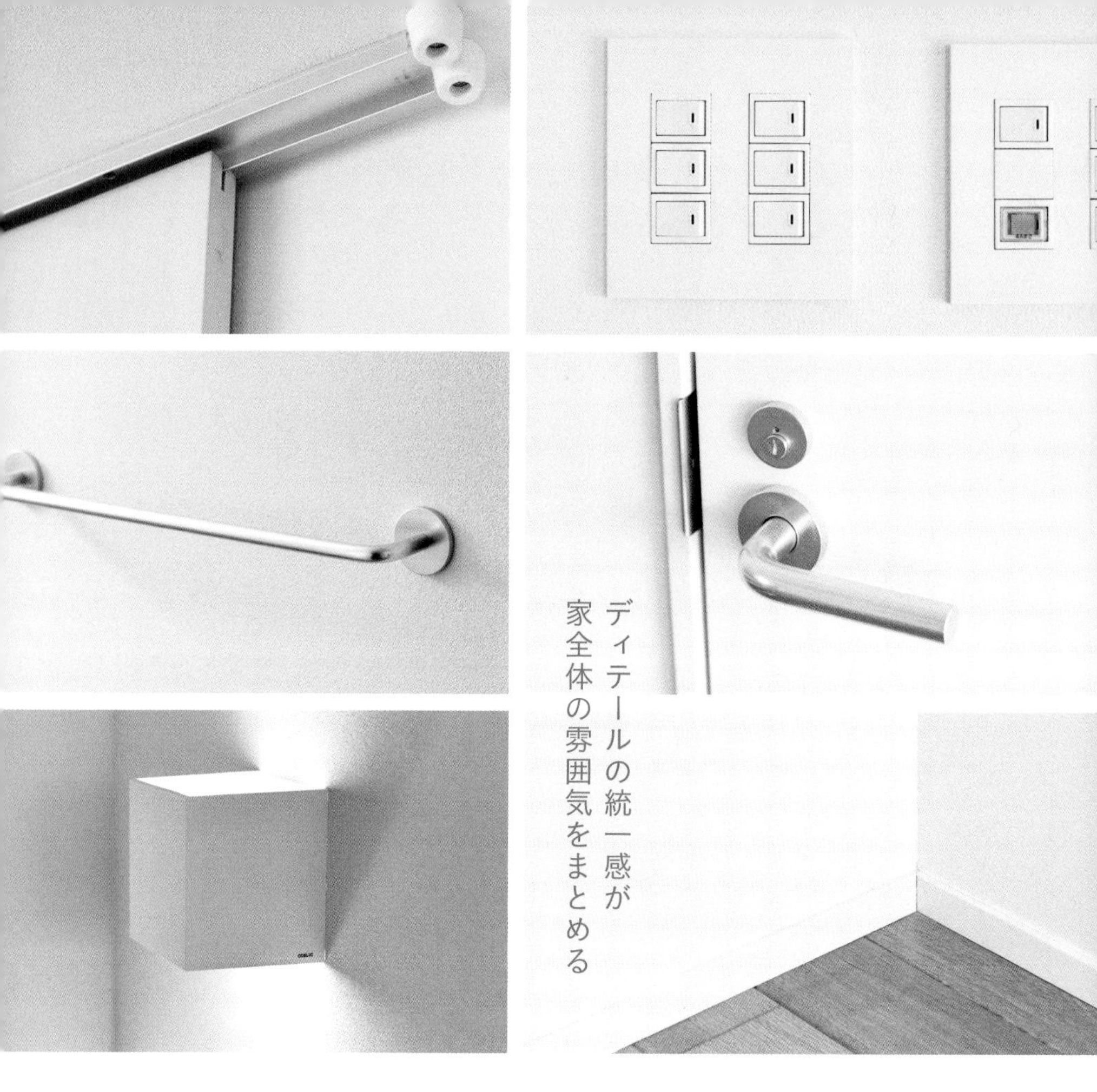

ディテールの統一感が家全体の雰囲気をまとめる

しかったのは、やはり予算との兼ね合いです。床面積を庭側にもう50㎝広げたかったけれど、大幅な予算増につながるためあきらめました。ほかに断念したのは床暖房と、窓の数。大きく削れるところで予算を調整しました。

限られた敷地面積の中でこだわったのは、居住空間を削ってでも広くとった玄関。リビングから見える広い庭。ここに住んでいて感じることはなにより、「自分好みの家の中にいる」という満足感だそうです。

タオルバーから扉のレールや巾木まで、部材は「無印良品の家」のコンセプトに沿ったデザインのものが設えられています。いくつかの候補の中から選んでいくスタイル。細かいところまで統一されたデザインが、全体の完成度を高めています。

根石さんにもっと聞きたい！家づくりのこと

思い通りにならなかったことはありますか？

根石さん／トイレに窓がほしかったけれど、構造上どうしても無理でした。でも建築士さんはどうにかしようと努力してくれたので、感謝して納得できました。また、庭にもっと起伏をつけるなどこだわりたかったのですが、予算上できませんでした。入居後自分でやろうとも思ったのですが、素人（しろうと）には難しい。

暮らしてみてわかったことは？

根石さん／デザイン的観点と居住スペース確保のためにベランダをつくりませんでしたが、2階の洗濯機から階段を下りて庭に出て干すのはちょっと大変。そして音が遮られないつくりなので、夜遅くに帰ってくる時は気を遣いますね。

本多／動線問題ですね。そして、開放的にすると音はどうしても通る。悩ましい。

これから家をつくる人にアドバイスをお願いします。

根石さん／家を建てても人の習慣は変わらないので、「今までできなかったことができるようになる！」と過度に期待しないほうがいいですね。

本多／根石さんの場合は……

根石さん／庭です(笑)。植える木の選択から一筋縄ではいかないし、習慣になかったことだから手入れするのも難しいです。少しずつやっていきたいですね。

CASE 04

建築家が手がけた中古戸建て

建築家・谷尻誠さんと吉田愛さんの手がけた鎌倉の家。傾斜の強い山の斜面に隣接する二段の敷地に、「橋」をイメージして建てられました。広々としたLDKは山側がほとんど一面窓。窓から林の中のテラスに出ることができます。竹林の美しい山を活かした、自然と深く関われる家です。

「今」だから楽しめる家に住む

橋本葉子さん

data

3人暮らし(夫、長男4歳)
間取り/広さ:3LDK/113㎡　築年数:11年

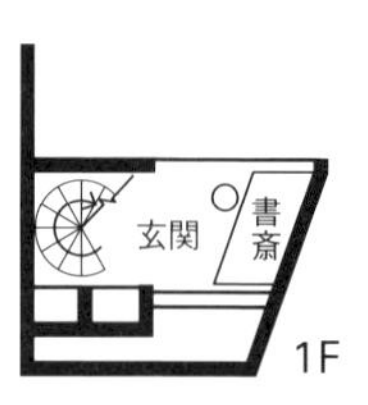

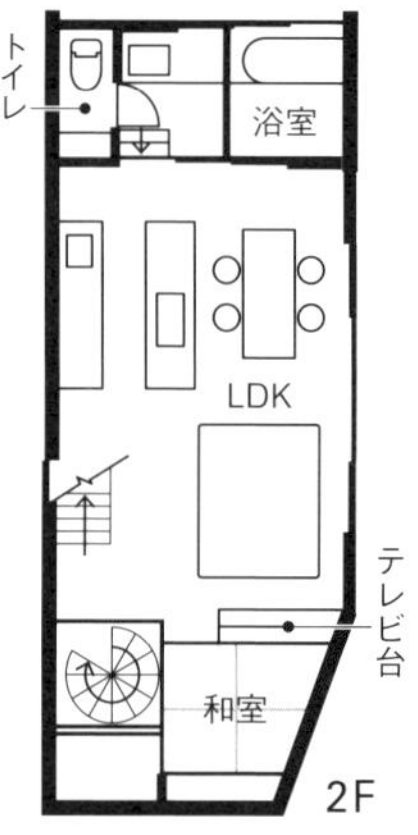

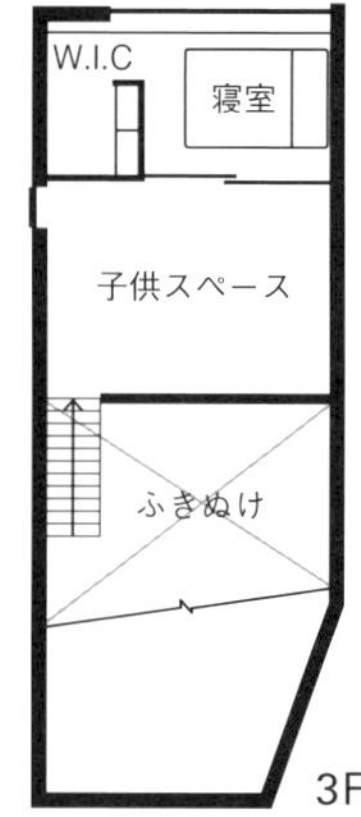

自然との関わりを実感する暮らし

階段状に部屋が設えられた開放感の溢れる間取り。1階は玄関で2階がリビングダイニング。3階が寝室やクローゼット。その上には天井の低いロフトがあり、収納庫として使われています。2階奥には、ガラス戸で仕切られたバスルームが。時間に余裕のある時は、窓を開け放って昼間のお風呂を楽しむことも。野鳥のさえずりや、葉擦れの音を聞きながら、心からリラックスできるそう。

建て替えを機に、緑豊かな家を探して

結婚して中古マンションを購入し、リノベーションして住んでいた橋本さんご夫婦。都心で駅から近いという好立地で、最初から「リノベで価値を付

慌ただしい生活のなかで特別リラックスするための時間はとりにくい。だからこそ、普段の暮らしのなかで自分を癒せる環境をつくりたいと考えた橋本さん。「コントロールできない自然との付き合いは体力勝負だけれど、今ならそれを楽しめます」と話してくれました。

けていずれは売ろう」と考えていました。12年住んだ後、引っ越しをすることになったきっかけは、マンションの耐震基準が古く建て替えが決まったこと。また犬を飼うようになり、子どもが生まれ、公園に散歩に行く習慣ができたことで「緑を近くに感じられるような家に住みたい」と思うようになったのも大きな理由です。

休日は犬の散歩を兼ね、大きな公園や緑地に出かけるのが好きな橋本さん一家。それが夫婦の趣味であり、住まいとしての街探しでもありました。

家を探すなかで、夫婦で「引っ越し対策委員会」なるものを設立し、お互いの条件を出し合ってリスト化。目を付けていたエリアでは条件通りの家や土地を見つけることはできませんでしたが、この鎌倉の家をスッと決められたのは、リストのおかげでした。

高低差のある二段の敷地の上部にリビングがあり、下部にある玄関から螺旋階段で上る構造です。玄関横のスペースは、土間兼書斎。冬場は冷えますが、夏は涼しい。集中したいひとときに。

希望エリアから遠く離れた地で発見

ずっと東京都内で探していて、鎌倉に家を見つけたのは偶然でした。夫が何気なく開いた「アールストア」のHPで、この物件が目に入ったのです。希望エリアではない。でも自分たちでは到底生み出すことのできない、建築家の大胆な発想に興味を持った橋本さん夫妻。当初は「かっこいいから見に行ってみよう」と軽い気持ちで内見を申し込みましたが、実際にその姿を見て心をわしづかみにされました。

大きな窓から望む、竹林の美しさ。階上へと続く天井の広がりや、木目の付けられたコンクリの壁といった贅沢な意匠。この家をつくったのは、今話題の建築家である谷尻誠さんと吉田愛さん率いるサポーズデザインオフィス

建築家の意匠を感じる住まい

右上：浴室にある洗面台には、壁と一体化した収納扉が。開けると洗面台の正面に鏡がきます。右下：デザイン性の高いスイッチ。住むうちに、手がけた工務店の技術が高度で建具も高品質と知りました。建築家のこだわりが伝わってきます。左上：木材を押し付けて木目模様を付けた打ちっぱなしのコンクリート壁。下：家の雰囲気に合わせて、家具もウォールナット材のものに新調しました。

です。当時、橋本さんはその存在を知りませんでしたが、調べてみて注目度の高い建築家とわかり、物件としての価値も感じます。

今後、これ以上素敵な家に出合える機会はないかもしれない。北鎌倉の静かな環境も気に入り、物件を見てから1週間後には購入を決意していました。

体力のある今だから楽しめる家

北鎌倉は自然を守る活動が盛んで、駅歩10分でありながら近所でホタルが見られます。朝の空気が気持ちよく、山から吹き下ろす風も心地いい。ノイズのないシンとした静けさは、リゾートにいる感覚に近いそう。

ただ、自然のなかに暮らすというのは易しいことばかりではありません。竹林は美しい一方で繁殖力が強く、近隣に迷惑をかけないためにもマメな管理を担う必要があります。春に引っこ抜くタケノコの数は、50本以上。

「山仕事は、大変が半分、楽しみが半分。手のかかるこの家は体力気力があるうちの趣味の家で、今はこの暮らしを満喫したいと思っています。元気な今だからできるこの生活を、贅沢だと感じています」。

子どものスペースをなじませる工夫

上：リビングに敷いたラグスペースに、子どもの絵本やおもちゃを入れる木箱を低く連ねて配置。子どもの取りやすい高さは、大人の視界に入りにくい位置でもあり一石二鳥です。リビングとダイニングを区切り、散らかる範囲を制限するゾーニングの役割も。右下：幼稚園グッズをまとめたワゴン。部屋から浮かない色味のものを。左下：場所を広くとるおもちゃは3階のキッズスペースに。派手な色味のものが多い室内遊具、選ぶのに苦労したそうです。

妥協したところはありますか？

本多／家を購入するにあたり、妥協したところはありますか？　わたしがマンション購入で目をつぶったのは、狭さと、駅からの遠さでした。

橋本さん／都心に職場のある夫は、通うのには遠いんですよね。でも意外と電車は座れるので、いいみたいです。あとはそもそも、自分たちの暮らしに合った注文住宅を建てたかったんですよ。3階建てで、1階がイベントスペースで。でもここを見つけてしまったから。

住んでみてわかった、想定外のことってありますか？

本多／住んでみないとわからないことってたくさんありそうですね。

橋本さん／床が紺色で犬の抜け毛が目立つとか、鎌倉特有の地形による湿気に悩まされたりとか、住んでみないと本当にわかりませんね。最近は気候の変動もあるから、そういう点でも考えないと。

本多／いいこともあるけど、そればかりじゃない。どんな家もありそうですね。

橋本さん／年齢を重ねたら、暮らしの快適さを優先させた、家事に負担のない大きさの家をつくってみたいと考えています。集合住宅だけれど、注文住宅のように自由に設計できる「コーポラティブハウス」もいいなぁって。少し先の話ですけどね。

この家にいて一番好きな時間はいつですか？

橋本さん／子どもが幼稚園から帰る前に、ひとりでランチを食べながらホッとする時間が幸せです。山の静けさ、窓から望む緑、野鳥のさえずり……家事をしていても安らぎを感じられて。昼間に、窓を開け放ってお風呂に入ることもあります。

本多／普段の暮らしのなかでその場にいる幸せを感じられるって素敵ですね。

CASE 05

持ち家→賃貸に住み替え

今に合わせて住み替えるという選択

加藤恵津子さん

子どもが生まれて状況が変わり、育児のしやすい環境へと住まいを移した加藤さん。持ち家は人に貸し、リビングが広く緑の豊かな賃貸マンションへ。実家も学校も職場も近く、育児と暮らしを助けてくれる住まいです。

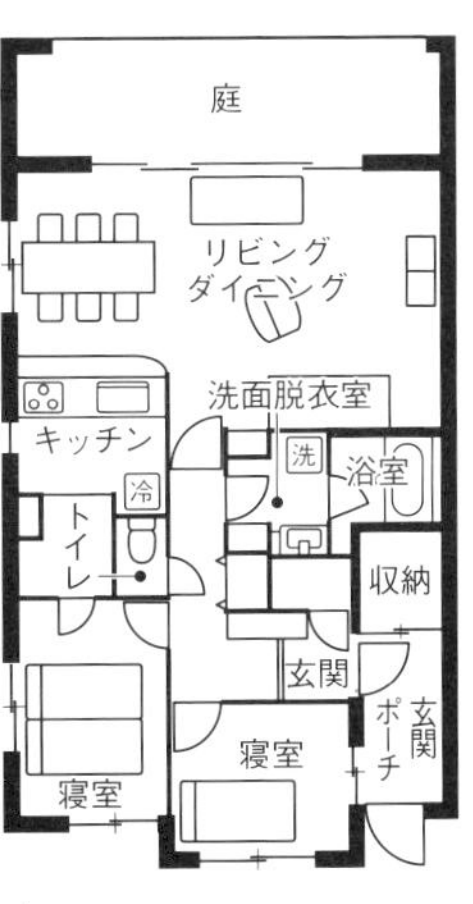

data

3人暮らし(夫、長男12歳)
間取り／広さ：2LDK／76㎡

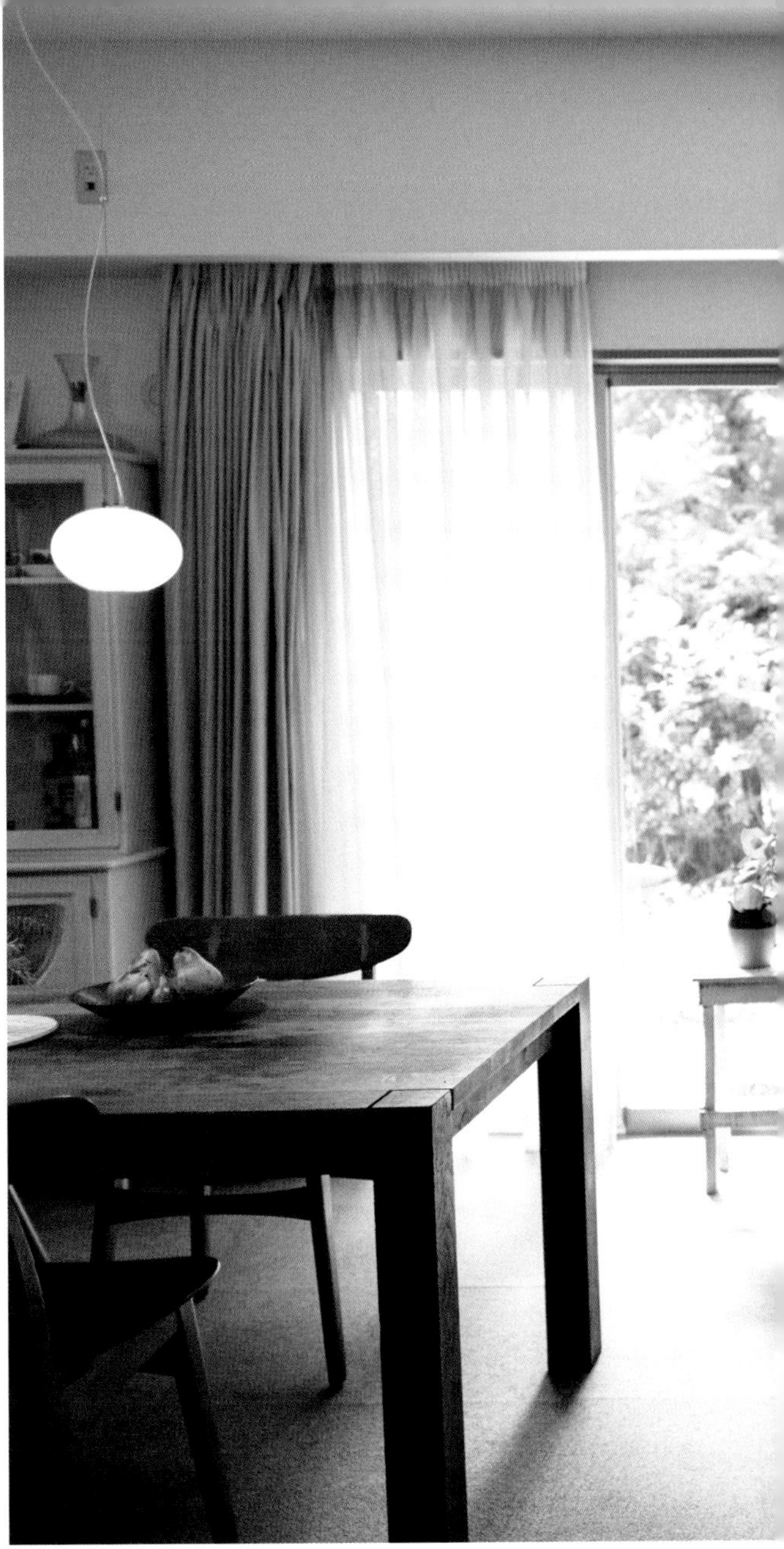

持ち家での生活に限界を感じて

加藤さんは以前、夜景のきれいな都心のマンションに、こだわり抜いたリノベをして夫婦ふたりで住んでいました。ただ、子どもが生まれて事情が変わります。近隣の保育園に入れなかったのです。陶芸家である加藤さんは、陶芸教室の生徒さんを待たせている状態で、仕事復帰を急いでいました。やむなく、工房のある埼玉で認可保育園に子どもを預けることに。都心のマンションと埼玉を、子どもを連れて往復約2時間する日々の始まりです。

幸い工房と加藤さんの実家が近く、夕飯やお風呂の世話を実母が助けてくれました。でも寝入っている子を車に乗せながら、「寝るだけのために都心に帰るのは不毛ではないか」と感じるよ

こだわり抜いた都内の持ち家

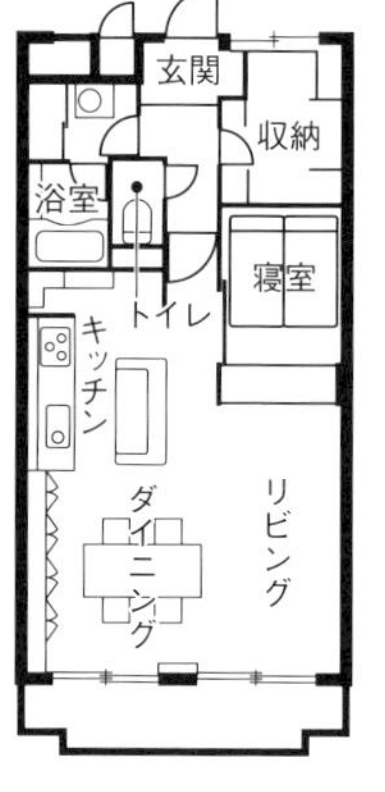

夫が設計した以前の住まい。どこにいても生活音がするワンルームは育児に不向きでした。

初めての大家さん体験

借家探しと同時に、持ち家を賃貸に出すためさらにリノベを重ねました。家に個性を求める人が集まる東京R不動産に委託することにし、その際付いたキャッチコピーは「オーバースペックの家」。相場の約1.3倍という強気の家賃をつけましたが、こだわりを理解する客層のおかげですんなりと借り手が決まりました。

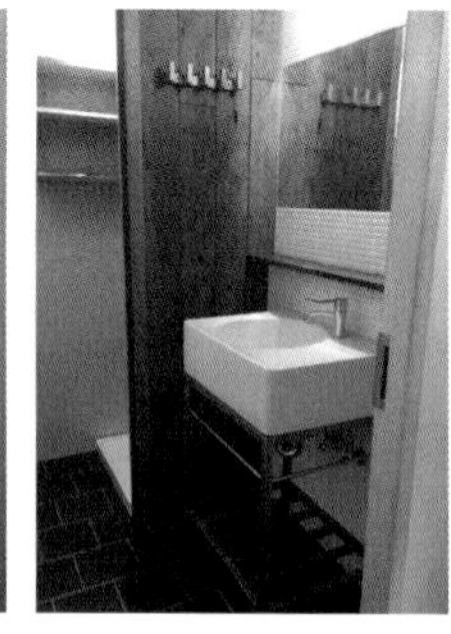

床は廊下も含めてすべて床暖房。換気システムを導入して気温や気圧が一定になるようにし、スピーカーのためのコンセントや配線をたくさん設えました。玄関や洗面所のタイルにもこだわり、棚にはオランダから古木を取り寄せ。造り込みは業者だけに頼らず、住みながら10年かけて夫婦ふたりで完成させていきました。

うに。息子が小学校に上がったら、学童のお迎えはどうする？ ＰＴＡは大丈夫？と不安は増していきました。

　このまま都心に住むことは難しい。自分と子どもにとって埼玉に住むほうがメリットは大きいけれど、仕事場まで遠くなる夫を説得できるだろうか。そして、ここまで夫がこだわった家を手放せるだろうか……？

　加藤さんは自分の思いを夫に打ち明けました。最初こそ突然の引っ越しの打診に驚いていたものの、これから成長していく子どもとの暮らしについて語り合ううちに納得してくれ、その日のうちに物件探しが始まりました。

「今」に見合った家を探す

　加藤さん夫妻は、埼玉に家を「借り」、都心の持ち家を「貸す」選択をしました。持ち家を売って、埼玉に買い直す

上：庭付きの部屋のため、ハーブを植えたりと庭仕事の楽しみも。隣家との目隠しにフェンスを置いて、ジャスミンを絡ませています。多趣味な夫のために物置を2つ置けているのも庭付きの利点。下：リビングに子どもの大きなデスクとトランポリンを置いて。広いリビングはのびのびと育児ができる好条件。

広さも環境も今に合う賃貸の暮らし

賃貸だからの自由さ制約も楽しんで

玄関からリビングへと続く廊下に設えた有孔パネル。収納不足を壁利用で克服。よく使う外出用品やアウトドア系のモノを吊り下げ収納しています。

上：賃貸物件に多いクッションフロアが苦手で、タイルカーペットを敷き詰めました。下：壁に穴は開けられないので、棚にコンセントを増設して不便を補っています。素晴らしいアイデア！

選択肢もありますが、こだわった家を売ろうとは夫に言えません。そして新居を賃貸にすれば、たとえ学校や近所とのトラブルがあっても、いつでも引っ越せるという気楽さも魅力でした。

当初は一軒家を探していましたが、なかなか理想の家が見つからなかったためマンションにも条件を広げていきました。すると、小学校の目の前で、庭があり緑豊かな今の物件が見つかったのです。車通勤なので駅歩は問わず、築年数にもこだわりませんでした。

子どもが年長さんの夏から探し始めて、9月には決めることができて一安心。「小学校入学前に引っ越し」という目標を達成することができました。

一方で、持ち家も無事に借主を見つけることができました。家賃収入はローンと賃料の両方に充てられるので、持ち家は「収入」と「帰る場所がある」

というお金と心のよりどころに。

埼玉のこの家は、子どもの小学生時代を家族3人で暮らすのに十分な広さと環境のよさがあります。仕事場にも実家にも近く、学校も目の前という安心感が。そして賃貸のよさはやはり、その時々に合わせてフレキシブルに移れることです。先頃、評判のよい中学校の学区に引っ越そうかという話が出ました。実際に引っ越さなかったとしても、「いつでも移れる」という事実が心に自由をもたらしてくれます。

加藤さんに もっと聞きたい！ 家づくりのこと

都内↓郊外の暮らしに躊躇はなかったですか？

加藤さん／都内へバイク通勤している夫のことも考えて、少し東京寄りに借りました。とはいえ長距離運転になるので、よく納得してくれたと感謝しています。

本多／賃貸なら暮らしてみてから「よりよい」ところへ移るのも自由ですもんね。持ち家があってもこんな選択ができる。視野が広がるような気がしました。

大家さんとしての気苦労はありますか？

本多／持ち家が心とお金のよりどころとなると今回改めて思いました。

加藤さん／そうですね。でも、数カ月借り手がつかなかった時は涙目になりました。家賃を下げてでも借主を見つけなきゃと思ったんですが、なんと夫が「むしろ上げる」と。えーっ!?と思いましたが、そうしたら見つかったんですよね……。

本多／モノの価値と価格の不思議な関係……！

epilogue

　今ダイニングテーブルでこの原稿を書くためにパソコンに向かっています。暮らし始めて1カ月のこの場所から見える景色は、もうすっかり見慣れてずっとそこにあったかのように錯覚してしまいますが、思えば去年の今頃などはまだこの家と出合いもしていなかったのだから、たった1年足らずで状況はガラリと大きく変わったものだと驚きます。

　家を買うことについては「よい物件に出合えたら」という気長な姿勢で5年探し続けましたが、今この家に住みながらしみじみと思うのは、「窓から緑が見える」ことに最後までこだわって、やっぱりよかったということです。ふと視線の先にいつも窓があること、窓からの光や緑を感じられることは、わたしにとって最高の贅沢だと、日々感じるからです。それはこれまで住んできた環境から半ば直感的に導かれた希望でしたが、4歳の長男が朝食を食べながらよく外の景色を眺めるようになったり、シンクに食器を運んでくれた友人が「つい窓の景色見ちゃうね」と言ってくれたりすると、なんともうれしい気持ちに。家を通じて、大切な人たちと「気持ちがいい」という感情を共有できる喜びを感じます。

希望通りの環境に物件を見つけられた後、間取りを一から編集できるリノベーションも楽しみでした。

「リノベーションで実現したいこと」を考えると、わたしの頭に浮かぶのはどれも「家事のしやすさ」に直結する設えや工夫ばかり。そして今その家に暮らしてみて、夕飯を作ったり洗濯物を畳んで片付けたりしながら、「あぁ助かる！」と思う瞬間に度々出合います。リノベーションによってできた家の仕組みが、暮らしをバックアップしてくれていると感じ、時にはその忙しささえ楽しめてしまうから驚きです。

それと同時に思うのは、「住まいが変わると暮らしが変わる」という夢物語なんてないのだなということ。なぜなら家が新しくなっても、そこに住む人も営まれる生活も同じだから。ありのままの暮らしをまっすぐに見つめた家づくりが、今の快適さにつながっていると感じます。

新居への引っ越しの直前、これからの暮らしがさらに楽しみになるようなメッセージを、とある人生の先輩からいただきました。

「自分たちの考えた家で家族のゴールデンタイムを迎えることができるのは素晴らしいこと。家をやんちゃに使い倒し、必要があれば修理し模様替えもし、暮らし倒してください」

この言葉はわたしの心にすっと染み入り、深く納得しました。毎日生活をまわすことに精一杯な今このタイミングで新居を手に入れ、家族４人の時間を紡いでいくための家づくりができたことは、とても幸運なことだとしみじみ思います。

この本で取材した5組のみなさんのお話からも、住まいと暮らしはその折々のニーズに合わせて好きに模様替えし、時には直感を信じて今いるところから居場所を変えてみたっていいんだという前向きなメッセージをいただきました。暮らしていくうちに不便や不都合が生じれば、それはその時に次の一手を講じればいい。家は「今のちょうどいい」に合わせ、自由にアップデートし続けながら、住まう人みんなが自分らしく楽しみ、安心できる場所であってほしいと思います。この本を読んでくださったあなたとも、そんな思いをどうか共有できますように。

２０２０年4月　本多さおり

新居の建材・部材・モノ紹介

※本書でご紹介したものはすべて著者の私物です。
現在は手に入らない場合もありますのでご了承ください。

p.70　ダイニングテーブル　ホワイトウッドシリーズ WOT-681　日進木工　https://www.nissin-mokkou.co.jp/
ダイニングチェア(座面黄色)　WOC-132　日進木工　https://www.nissin-mokkou.co.jp/
ダイニングチェア(ペーパーコード)　オーク材ペーパーコードチェア　無印良品
https://www.muji.net/
子ども用チェア　アップライト　豊橋木工　http://toyomoku.co.jp/upright/
p.72　ソファ　confort sofa　holly wood buddy furniture　http://www.hollywoodbuddy.com/
p.73　ダイニング照明　GLO-BALL S1　日本フロス　http://www.japan.flos.com/
p.73　障子紙　タフトップ NA-52 無地　ワーロン　https://www.warlon.co.jp/
p.74　キッチンパネル　WP03221 マットホワイト　サンワカンパニー
https://www.sanwacompany.co.jp/shop/
p.76　キッチン引き出し(内部)　MAXIMERA マキシメーラ 引き出し　IKEA　https://www.ikea.com/
冷蔵庫　R-V38KV(ブリリアントブラック、左開き、375L)　HITACHI
https://kadenfan.hitachi.co.jp/
オーブンレンジ　BALMUDA The Range　K04A-BK　BALMUDA　http://www.balmuda.com/
p.77　ビルトイン食洗機　NP-45MD8W　Panasonic　https://panasonic.jp/
吊り戸棚金具　UTRUSTA ウートルスタ ヒンジ 水平扉用　IKEA　https://www.ikea.com/
p.78　シンク　ステンレスシンク 750G FS　シゲル工業　https://www.shigeru-k.co.jp/
ビルトイン浄水器　F914ECO　クリンスイ　https://cleansui.com/
p.79　IH クッキングヒーター　KZ-XS36S　Panasonic　https://panasonic.jp/
ホットクック　ヘルシオホットクック KN-HW16D-W　SHARP　https://jp.sharp/hotcook/
レンジフード　FY-90DED2-S エコナビ搭載　フラット形レンジフード　Panasonic
https://panasonic.jp/
p.81　洗濯機　ななめドラム洗濯乾燥機　NA-VX800AL/R　Panasonic　https://panasonic.jp/
p.83　移動台　角パイプ洗濯機台　DSW-151　平安伸銅工業　https://www.heianshindo.co.jp/f/store
p.84　ユニットバス　マンションリモデル WT シリーズ N タイプ　TOTO　https://jp.toto.com/
浴室換気扇　浴室換気暖房乾燥機「三乾王」　TOTO　https://jp.toto.com/
p.85　洗面ボウルと台　人工大理石コーリアン® 製カウンター、
ラバトリーボウル 815Y(色：グレイシアホワイト)　デュポン・MCC　https://www.corian.jp/
洗面蛇口　マルチシングルレバー混合水栓　LF-HX360SYR/BW1　リクシル　https://www.lixil.co.jp/
トイレ　ネオレスト AH1　TOTO　https://jp.toto.com/
ペーパーホルダー　SDFG-03/PAPER HOLDER　STUDIO DOUGHNUTS
http://www.studio-doughnuts.com
p.90　収納システム　シューノ　ロイヤル　https://www.royal-co.net/sssystem/
p.92　床材(リノリウム)　マーモリウム コンクリート　ML-3725　田島ルーフィング　https://tajima.jp/
p.93　床材(フローリング)　ルス・フロア　ラーチウッド無垢フローリング　スタンダードグレード(無塗装)
大陸貿易株式会社　http://www.rusfloor.jp/
p.95　コンセント、スイッチ　NK シリーズ　神保電器　http://www.jimbodenki.co.jp/
引き戸取っ手　掘込引手 PC-452-GQ　KAWAJUN　https://shop-kawajun.jp/
引き出し取っ手　プルノブ PC-188-GQS　KAWAJUN　https://shop-kawajun.jp/

本多さおり

生活重視ラク優先の整理収納コンサルタント。夫と長男(4歳)、次男(2歳)の4人暮らし。日々、よりラクで快適な生活の仕組みづくりを模索する自称「収納マニア」。主な著書に『もっともっと知りたい無印良品の収納』(KADOKAWA)、『暮らしは今日も実験です』(大和書房)、『家事がしやすい部屋づくり』(マイナビ出版)などがある。
オフィシャルウェブサイト
http://hondasaori.com/
ブログ「片付けたくなる部屋づくり」
https://chipucafe.exblog.jp/
インスタグラムアカウント　saori_honda

ブックデザイン　葉田いづみ
写真　林ひろし
イラスト　fancomi
間取り図　アトリエ・プラン
DTP　宇田川由美子
取材、原稿協力　矢島史
取材協力　長澤徹(ポーラースターデザイン一級建築士事務所)
編集　竹田理紀(ミネヲ舎)
茶木奈津子
(PHPエディターズ・グループ)

p.7写真協力　『モノは好き、でも身軽に生きたい。』本多さおり著(大和書房)

家事がとことんラクになる
暮らしやすい家づくり

2020年6月11日　第1版第1刷発行

著　者　本多さおり
発行者　清水卓智
発行所　株式会社PHPエディターズ・グループ
〒135-0061　江東区豊洲5-6-52
03-6204-2931
http://www.peg.co.jp/
発売元　株式会社PHP研究所
東京本部　〒135-8137　江東区豊洲5-6-52
普及部　03-3520-9630
京都本部　〒601-8411　京都市南区西九条北ノ内町11
PHP INTERFACE　https://www.php.co.jp/
印刷・製本所　凸版印刷株式会社

ISBN978-4-569-84697-2